# John F. Kennedy

## Vom mächtigsten Mann der Welt zum Mythos

### Frank Pergande

# JOHN F. KENNEDY 1917–1963

*Menschliches Maß*
WAS KENNEDY FÜR EIN PRÄSIDENT WAR     8

*Die Kennedys*
EINE FAMILIE WIRD BESICHTIGT     10

*Botschaft auf der Kokosnuss*
KINDHEIT, JUGEND, STUDIUM, MILITÄRDIENST     18

*Vater und Bruder*
ENTSCHEIDUNG FÜR DIE POLITIK     26

*Jack und Jackie*
KENNEDY ALS FRAUENBETÖRER     36

*Ewig Schmerzen*
KENNEDYS KRANKENGESCHICHTE     52

*Camelot*
DER WEG INS WEISSE HAUS     58

*Dreizehn Tage*
DAS DESASTER IN DER SCHWEINEBUCHT UND DIE KUBAKRISE     74

## 17. Breitengrad
### KENNEDYS ZÖGERN IN VIETNAM
90

## Der Berliner
### KENNEDY UND DEUTSCHLAND
98

## Kings Traum
### KENNEDYS INNENPOLITIK
108

## Dallas, 22. November 1963
### DAS ATTENTAT UND DIE FOLGEN
124

## JFK
### UNSTERBLICHKEIT NACH DEM TOD
132

### ZEITTAFEL
138

### QUELLEN
140

### IMPRESSUM
140

# Menschliches Maß
## WAS KENNEDY FÜR EIN PRÄSIDENT WAR

**John F. Kennedy war 43 Jahre alt, als er am 8. November 1960 zum Präsidenten der Vereinigten Staaten von Amerika gewählt wurde. Das Wahlergebnis war knapp. Eine Zeitenwende in der amerikanischen Politik war daran nicht abzulesen.**

Schon der Wahlkampf war freilich anders gewesen als früher, und das nicht nur, weil die Kandidaten erstmals im Fernsehen live diskutierten. Politik wurde mit dem fotogenen Kennedy und seiner aparten Frau Jacqueline an seiner Seite zu einer Show, in der Bilder mehr zählen als Inhalte und die Botschaften Werbeslogans gleichen.

Dwight David Eisenhower, Kennedys republikanischer Vorgänger im Weißen Haus, hielt deswegen nicht viel von dem jungen Mann von der Demokratischen Partei, der sich um seine Nachfolge bemühte. Gleich nach der Wahl bat Kennedy den scheidenden Präsidenten mehrfach um Gespräche, um sich auf das Amt vorzubereiten. Eisenhower zeigte sich dann doch beeindruckt. Dabei hätten sie unterschiedlicher kaum sein können. Kennedy war der jüngste ins Amt gewählte Präsident, Eisenhower der älteste amtierende Präsident in der Geschichte Amerikas. Beide hatten nicht gut übereinander gesprochen. Eisenhower nannte Kennedy den »jungen Neunmalklugen«, Kennedy Eisenhower respektlos »das alte Arschloch«. Ob Eisenhower eine Ahnung angeweht haben mag, dass Kennedy seinen Ruhm schon bald weit überstrahlen würde? Eisenhower war der wohl prominenteste amerikanische General im Zweiten Weltkrieg, der als Oberbefehlshaber der amerikanischen Truppen in Europa gedient hatte. Er selbst nahm die bedingungslose Kapitulation Deutschlands entgegen. Er wurde Oberbefehlshaber der amerikanischen Besatzungstruppen in Deutschland und 1950 Oberkommandierender der NATO-Streitkräfte in Europa. Und dann wurde er 1953 auch noch Präsident. Was für eine Karriere!

Kennedy war zwar mehr oder weniger durch Zufall ebenfalls zum Kriegshelden geworden, aber vor allem galt er als einer, der mit dem Geld des Vaters dessen Willen ausführte. Kennedy war nicht den typisch amerikanischen Weg gegangen, allein mit eigener Kraft etwas zu werden. Und dann gehörte er auch noch zur Minderheit der Katholiken in Amerika. Dass Kennedy dennoch der wohl berühmteste amerikanische Präsident neben George Washington und Abraham Lincoln wurde, lag weniger an seiner Politik als vielmehr an seiner Ausstrahlung, seiner Wirkung in der Öffentlichkeit, seinem Glanz wie auch dem seiner Familie und seiner Frau. Und

Der 35. Präsident Amerikas John F. Kennedy wurde am 29. Mai 1917 geboren und starb nach einem Attentat am 24. November 1963.

natürlich an seinem frühen Tod, der verhinderte, dass mit dem Präsidenten auch sein Bild altern konnte.

Eisenhowers Grinsen galt zwar als sprichwörtlich, aber jeder wusste, welch mühevollen Weg »Ike« gegangen war, bis er ins Weiße Haus einzog. Kennedy aber wirkte, als würde er leichtfüßig in dieses Amt tänzeln und es ebenso leichtfüßig meistern. Welcher amerikanische Präsident würde sich heute noch auf Eisenhower berufen? Auf Kennedy aber konnten sich ein Bill Clinton und seine Frau Hillary, die verhinderte Präsidentin, berufen und ebenso ein Barack Obama, der erste Schwarze im Amt. Kennedy wurde für die Amerikaner zum Gleichnis für Zukunft und Zuversicht, für grundamerikanische Werte also.

Dabei ist längst bekannt, wie sehr sein Strahlen Theater war. Kennedy schrumpft auf menschliches Maß, betrachtet man seine Familie, seine Motive, seine innenpolitischen Misserfolge, seine Gesundheit, sein Verhältnis zu Frauen. Davon wird hier erzählt, und das durchaus mit Respekt: Kennedy bleibt so oder so ein unvergessener Präsident.

# *Die Kennedys*
## Eine Familie wird besichtigt

1947 war John F. Kennedy 30 Jahre alt. Er galt als ein Mann vieler Talente. Er war als Journalist und Buchautor hervorgetreten, hatte sich dann aber – halb von seinem einflussreichen Vater gedrängt, halb aus eigener Neigung – für die politische Laufbahn entschieden. Seit einem Jahr gehörte er dem Repräsentantenhaus an, das zusammen mit dem Senat den Kongress bildet, das gesetzgebende Organ der Vereinigten Staaten von Amerika.

Patrick F. Kennedy, der Urgroßvater des Präsidenten, wanderte von Irland nach Amerika aus.

Kennedy vertrat seinen Heimatstaat Massachusetts und war in Washington einer von 435 direkt gewählten Abgeordneten. Er stand noch am Anfang seiner Karriere, die ihn 1961 zum mächtigsten Mann der Welt machen sollte, als er zum 35. Präsidenten der USA gewählt wurde.

Im August 1947 reise John F. Kennedy, der von seinen Freunden nur Jack genannt wurde, privat nach Irland, der Heimat seiner Vorfahren. Der junge Kongressabgeordnete war eigentlich nach Westeuropa gereist, um zu sehen, wie die Marshallplan-Hilfe anlief. Aber nun kam er nach Irland, wo seine Schwester Kathleen lebte, die nach ihrer Heirat nach Europa gezogen war. Sie war drei Jahre jünger als ihr Bruder und bereits Witwe, nachdem ihr Mann im Krieg Opfer eines Heckenschützen geworden war. William Cavendish Hartington, Billy genannt, hätte Herzog von Devonshire werden sollen. Zu den vielen Besitzungen der Cavendishs gehört auch Lismore Castle in Irland, das nun der Lieblingsplatz von Kathleen geworden war.

Die Reise ins Land seiner Vorfahren hat den aufstrebenden jungen Politiker John F. Kennedy offenbar mehr vergnügt als bewegt. Er mochte seine Schwester und genoss die unbeschwerte Zeit mit ihr. In Dunganstown, wo die Kennedys ursprünglich herkamen, fand er den Familiennamen noch reichlich vertreten. »Ich blieb dort ungefähr eine Stunde, umgeben von Hühnern und Schweinen, und kehrte zurück in einem Schwall von Sentimentalität und Nostalgie«, erzählte er.

Mitte des 19. Jahrhunderts war Patrick Kennedy, Jacks Urgroßvater, aus Dunganstown in die Staaten ausgewandert. Er tat es etwa einer Million Iren gleich, welche die Hungersnot von 1847 und das wirtschaftliches Elend in ihrer Heimat hinter sich lassen wollten, um ihr Glück in Übersee zu versuchen. Patrick landete, gleichfalls wie die meisten irischen Einwanderer, an der Ostküste der USA, genauer gesagt in Boston. Und wie die meisten blieb er dort. Er lebte noch zehn Jahre lang, in denen er wie zum Ausgleich nach der langen Reise die Grenzen seiner neuen Heimatstadt nicht mehr verlassen

Joseph P. Kennedy und Rose Fitzgerald, die Eltern von John F., bei ihrer Hochzeit am 7. Oktober 1914.

sollte. Die Cholera raffte ihn schließlich dahin. Seine Witwe hatte vier Kinder durchzubringen und erwies sich dabei als so umtriebig, dass schon in der nächsten Generation zuerst der wirtschaftliche, dann aber auch der gesellschaftliche Aufstieg der Familie gelang. Ein Kurzwarenladen bildete den Anfang. Patrick Joseph, ihr ältester Sohn, saß vom Ende der 1880er-Jahre an bereits im Senat von Massachusetts.

Auch die Fitzgeralds waren irische Einwanderer. Von ihnen, der Verwandtschaft Kennedys vonseiten der Mutter, bekam Jack das »F.« zwischen Vor- und Zunamen. Die Fitzgeralds waren beim Aufstieg etwas rascher als die Kennedys. Schon John Francis, Sohn des Einwanderers Thomas Fitzgerald und von allen »Honey-Fitz« genannt, brachte es bis ins US-Repräsentantenhaus nach Washington und wurde nach einem populistischen und nicht immer fairen Wahlkampf schließlich Bürgermeister von Boston. Seine Tochter Rose war 16 Jahre alt, als sie sich in den zwei Jahre älteren Joseph Patrick, Sohn von Patrick Joseph Kennedy, verliebte und er sich in sie. Die Familien, im Kampf um Macht, Geld und Einfluss in Boston zerstritten, wollten die Verbindung zuerst nicht. Tatsächlich mussten Rose und Joseph acht Jahre lang aufeinander warten. Es sollte ihre spätere Ehe auch nicht glücklicher machen.

Rose Kennedy mit ihren Kindern Joseph, Rosemary und John (von links nach rechts).

Inzwischen aber hatte Joseph, der seinen Berufsweg bei einer irischen Bank begann, den Grundstein für sein späteres gewaltiges Vermögen gelegt. Mit 25 Jahren sagte er von sich, er sei der jüngste Bankpräsident in den USA gewesen, was freilich eine leichte Übertreibung war. Jedenfalls hat er viel Geld mit Aktienhandel verdient. Mit 35 Jahren war er bereits mehrfacher Millionär. Er kam zudem durch Alkoholhandel während der Zeit der Prohibition zu Geld und durch seine Anteile an mehreren Hollywood-Studios indirekt auch im Filmgeschäft.

Nicht immer ging wohl bei seinen Geschäften alles legal zu. Die Kennedys hatten auch Kontakte zur Mafia. Schon Joseph wollte Präsident der Vereinigten Staaten werden, schaffte es aber nur auf den Botschafterposten in Großbritannien, immerhin als Erster aus einer irischen und damit auch

## Eine Familie wird besichtigt

katholischen Familie. Er führte ein privilegiertes Leben und kaufte 1927 schließlich das Anwesen in Hyannis Port südlich von Boston, sozusagen den Stammsitz der Kennedys. Wenn es so etwas wie amerikanische Aristokratie gibt: Die Kennedys gehörten schon damals und bis heute dazu. Umso wütender konnte der alte Kennedy werden, wenn man ihn einen Iren nannte: »Ich bin in diesem Land geboren! Meine Kinder sind in diesem Land geboren! Was zum Teufel muss man tun, um Amerikaner zu werden!«

Joseph Kennedy war ein ebenso schwieriger wie umstrittener Mann, ein Tyrann, zerfressen von Ehrgeiz und Machtanspruch. Er galt zudem als Antisemit und als jemand, der amerikanische Interessen einzig und allein in Amerika sah und das ferne Europa wohl Hitler und seinen Machtansprüchen überlassen hätte.

Ein Familienfoto der Kennedys von 1939 zeigt von links nach rechts Mutter Rose, Edward, Rosemary, Joseph jr., Vater Joseph, Eunice, Jean, John, Patricia, Robert und Kathleen.

## Die Kennedys

Die Familie Kennedy am Strand vor ihrem Sommersitz Hyannis Port. John ist der Zweite von links.

Rose und er hatten neun Kinder. Das hielt ihn nicht davon ab, seiner Frau praktisch immerzu untreu zu sein. Allerdings litt er auch unter ihrer prüden katholischen Sexualmoral, und sie verbat sich nach der Geburt des letzten Kindes auch jeden Sex. Joseph Kennedy bemühte sich nicht sonderlich, all seine außerehelichen Beziehungen geheim zu halten. Rose tat dagegen ihr Leben lang so, als wisse sie nichts davon. Joseph Kennedys wohl bekanntestes Verhältnis war das in Hollywood zu der Stummfilmdiva Gloria Swanson. Sein Sohn Jack sollte ihm freilich als Schürzenjäger später nicht nachstehen.

Joseph war der Übervater der Familie, der seinen Ehrgeiz auf seine Kinder übertrug und ohne dessen Millionen und dessen Verbindungen in die amerikanische Gesellschaft hinein John F. Kennedy wohl keinen seiner Wahlkämpfe gewonnen hätte. Harry S. Truman, amerikanischer Präsident

## EINE FAMILIE WIRD BESICHTIGT

von 1945 bis 1953, sagte einmal in Anspielung auf den Reichtum und den Katholizismus der Kennedys über deren Erfolg: »Es ist nicht der Papst, es ist der Papa.« Und Trumans Nachfolger Dwight D. Eisenhower – John F. Kennedys unmittelbarer Vorgänger – betrachtete, wie der Historiker und Kennedy-Biograf Robert Dallek anmerkt, »die Kennedys als Aufsteiger und Jack eher als Promi denn als ernsthaften Politiker«. Ein hartes Urteil, das Eisenhower freilich später zurücknahm.

Ein Jugendfreund von Jack beschrieb das Leben der Kennedys so: »Du sahst, wie diese Leute durchs Leben gingen, und hattest das Gefühl, dass sie außerhalb der üblichen Naturgesetze existierten, niemand war so nobel und so voller Anteilnahme wie sie. Es gab immer etwas zu tun … immer etwas zu bereden … immer wegen etwas zu konkurrieren, man zerrte aneinander und schubste sich zu größeren Anstrengungen. Es war ganz einfach: Die Kennedys fühlten sich zu Höherem berufen, und das färbte ab auf die Menschen, die mit ihnen in Berührung kamen.« Und Jack selbst schrieb über seine Familie: »Es gab einen ständigen Druck auf jeden, sich zu verbessern.«

Rose wurde 104 Jahre alt und starb 1995. Sie überlebte ihren Mann um 26 Jahre, was wie eine späte Rache an ihm wirkt. Allerdings hatte sie sich in gewisser Weise auch schon zu seinen Lebzeiten für seine Untreue gerächt – indem sie einen Teil des Vermögens mit vollen Händen ausgab. Rose hat in ihrem langen Leben eigentlich viel mehr gesehen und erlebt, als ein Mensch auszuhalten vermag.

Ihr Mann blieb nach einem Schlaganfall gelähmt, der ihn kurze Zeit nach Kennedys gewonnener Präsidentschaftswahl ereilte. In den sieben Jahren bis zu seinem Tod musste er noch erleben, wie seine Söhne Jack und Bobby ermordet wurden. Der älteste Sohn der Kennedys, der nach seinem Vater Joseph oder Joe hieß und auf den die Familie die größten Hoffnungen gesetzt hatte, starb im Zweiten Weltkrieg im Alter von nur 29 Jahren. Kathleen, Jacks Lieblingsschwester, die sich mit ihrer streng religiösen Mutter zerstritten hatte, kam 1948 ums Leben, als das Flugzeug ihres – verheirateten – Liebhabers gegen einen Berg im französischen Rhônetal prallte. 1963 fiel Jack und fünf Jahre später der jüngere Bruder Robert, Bobby genannt, jeweils einem Attentat zum Opfer. Die älteste Tochter Rosemary galt in der allzu ehrgeizigen Familie als geistig zurückgeblieben, wobei dieser Befund umstritten ist. Als Rosemary 23 Jahre alt war, ließ ihr Vater eine Lobotomie vornehmen, eine Operation an ihrem Gehirn, bei welcher die Nervenverbindung zwischen Thalamus und Frontallappen durchtrennt werden. Angeblich hatte er dafür nicht einmal das Einverständnis der Tochter eingeholt.

---

»Ich glaube, es gehört zu den legendären Vorstellungen, die man sich von einem Präsidenten macht, dass man glaubt, er besäße außergewöhnliche Qualitäten und habe sich als Kind durch unfehlbare Tugendhaftigkeit ausgezeichnet. Ich kann bestätigen, dass dies bei Jack nicht so war, und auch nicht bei Bobby, Teddy oder irgendeinem der anderen Kinder. Wenn sie es verdient hatten, dann war, glaube ich, ein ordentlicher Klaps eine der wirksamsten Methoden, ihnen eine Lektion zu erteilen.«

ROSE KENNEDY IN IHREN ERINNERUNGEN, 1974

## Die Kennedys

> »Wir wollen keine Verlierer unter uns haben. In dieser Familie wollen wir nur Gewinner.«

> JOE KENNEDY AN SEINE SÖHNE IN DEN 1920ER-JAHREN, NACH DEM ZEUGNIS VON ROSE KENNEDY

Die Folgen für Rosemary waren katastrophal. Fortan war sie wirklich behindert, saß im Rollstuhl und verbrachte ihr langes Leben – sie starb 2005 im Alter von 86 Jahren – in einer Heilanstalt, von der Familie regelrecht abgeschoben. Rose soll erst 1961 erfahren haben, was ihr Mann da getan hatte. Jedenfalls blieb für die anderen Kinder nicht viel Zuneigung übrig. Jacqueline Kennedy, Jacks Ehefrau, sagte einmal über die Beziehung zwischen Rose und ihrem zweiten Sohn: »Seine Mutter liebte ihn nicht wirklich … Sie liebte es, den Leuten zu erzählen, dass sie die Tochter des Bürgermeisters von Boston war und die Frau eines Botschafters … Sie liebte ihn nicht.«

Der jüngste Sohn Edward, Ted genannt, wurde 1962 in den Senat gewählt – auf den von Jack durch die Präsidentschaft freigemachten Platz. 1968 entging er bei einem Flugzeugabsturz knapp dem Tod. Bei einem von ihm verursachten Autounfall zehn Jahre später ertrank seine Beifahrerin. Das unterbrach seine Karriere aber nur zeitweise. Ted, der bis kurz vor seinem Krebstod 2009 im Washingtoner Kapitol wirkte, galt nach Jahrzehnten politischer Arbeit als »Löwe des Senats« und trug den Ruhm der Familie weiter. Noch zu Lebzeiten Jacks sah man im Weißen Haus künftig eine Kennedy-Dynastie: Jacks Nachfolger sollte Robert sein und dessen Nachfolger wiederum Ted.

Überhaupt haben alle Kinder von Rose und Joseph sich am Mythos der Familie abgearbeitet. Dieser Mythos schloss freilich den oft erwähnten Fluch ein, der über den Kennedys zu liegen schien. 1999 starb John, der Sohn von John F. Kennedy, zusammen mit Frau und Schwägerin bei einem Flugzeugabsturz. John hatte die Welt gerührt, als er als kleiner Junge in kurzen Hosen am Sarg seines toten Vaters salutierte. Ein Sohn von Robert Kennedy starb bei einem Skiunfall, ein anderer durch Drogen. Ein dritter Sohn verursachte einen Verkehrsunfall, bei dem seine Freundin querschnittsgelähmt wurde. Die Familie zahlte eine halbe Million Dollar »Schweigegeld«. Wieder ein anderer Kennedy wurde wegen Vergewaltigung angeklagt. Ein entfernterer Verwandter wurde sogar des Mordes überführt. All das hält bis heute den Namen der Familie zuverlässig in den Schlagzeilen.

Zurück aber zu den Geschwistern von John F. Kennedy. Eunice, die 1921 geborene Schwester, setzte sich, das Beispiel Rosemarys vor Augen, weltweit für Behinderte ein. Sie heiratete Sargent Shriver, der John F. Kennedy im Präsidentschaftswahlkampf unterstützte und erster Präsident des Peace Corps wurde, von dem noch die Rede sein wird. Ihre Tochter Maria Owings Shriver heiratete den aus Österreich stammenden Bodybuilder und Schauspieler Arnold Schwarzenegger, der 2005 Gouverneur von Kalifornien

## Eine Familie wird besichtigt

Rose Kennedy mit ihren Kindern 1940 im Garten von Hyannis Port. John, rechts außen sitzend, war damals 23 Jahre alt.

wurde. Die 1924 geborene Kennedy-Schwester Patricia zog nach Hollywood und vermittelte über ihren Mann die engen Kontakte der Familie zu dem Entertainer und Sänger Frank Sinatra. Über ihre 1928 geborene Tochter Jean sagte Mutter Rose schließlich: »Sie wurde so spät geboren, dass sie nur die Tragödien miterlebte, aber nicht die Höhepunkte.« Von 1993 bis 1998 war Jean Botschafterin in Irland, wo sie sich im Friedensprozess einen Namen machte. In der Politik war Patrick, ein Sohn Edwards, vorläufig der letzte Kennedy. Allerdings trat er 2010, obwohl erst 42 Jahre alt, nicht wieder für das Repräsentantenhaus an. Der Tod seines Vaters, so hieß es, habe ihm das Herz gebrochen. Vielleicht aber war es auch nur die Entscheidung eines Mannes, dem das Erbe der Familie inzwischen zu schwer wog.

# *Botschaft auf der Kokosnuss*
## Kindheit, Jugend, Studium, Militärdienst

John F. Kennedy wurde am 29. Mai 1917 in Brookline, Massachusetts, geboren. An diesem Tag wurde sein Vater Joe im Alter von 28 Jahren Vorstand der Massachusetts Electric Company und damit eines der jüngsten Vorstandsmitglieder in einem amerikanischen Großunternehmen. Joe war auf dem Weg, ungeheuer reich und einflussreich zu werden. Sein Zweitgeborener wurde schon als Baby Jack genannt. Jack genoss eine privilegierte Kindheit.

Das Geburtshaus von John F. Kennedy im Bostoner Vorort Brookline, Massachusetts, ist heute ein Museum.

Als er einmal gefragt wurde, ob es etwas gegeben habe, was ihn in seiner Kindheit belastet habe, fiel ihm zunächst nichts ein. Erst nach einem Augenblick des Nachdenkens nannte er seinen älteren Bruder, der so hieß wie der Vater: Joe. Zwischen den beiden Brüdern herrschte eine Rivalität, die sich häufig genug in Prügeleien entlud, welche der schwächliche Jack regelmäßig verlor. Da der Vater wegen seiner Geschäfte wie auch wegen seiner vielen Liebschaften häufig abwesend war, fühlte sich der älteste Sohn schon früh für seine Geschwister verantwortlich, sodass er, wie Kennedy amüsiert schrieb, »seinen größten Erfolg als älterer Bruder erzielte«. Jack nannte seinen Bruder bei anderer Gelegenheit aber auch einen »brutalen Kerl«.

Jack war von frühester Kindheit an immer wieder krank und musste oft das Bett hüten. Ihm wurde anfangs vorgelesen, später las er selbst und entwickelte eine Liebe zu Büchern, die in der Familie sonst nicht vorkam. So wurde er dann ja auch nicht nur ein berühmter Politiker, sondern auch ein bekannter Autor. Sein Lieblingsheld aus Kindheitstagen soll König Artus gewesen sein. Tatsächlich nannte man das Weiße Haus in der Zeit von Kennedys Präsidentschaft Camelot, nach König Artus' sagenumwobener Burg.

Jack wurde wie sein Bruder auf Privatschulen geschickt. 1930 kam er auf das katholische Internat Canterbury in Connecticut, wurde aber dort einmal mehr schwer krank. Ein Jahr später wechselte er in das evangelische Eliteinternat Choate, ebenfalls in Connecticut.

Seine Universitätslaufbahn begann Jack an der berühmten London School of Economics. Dort wurde er abermals krank und ging dann auf eigenen Wunsch nach Princeton – weil sein erfolgreicher Bruder in Harvard war und dort in jeder Beziehung einer der Besten war. Wieder kam Jack eine Krankheit dazwischen, sodass er sich 1936 dann doch in Harvard einschrieb. Seinen Lehrern dort sagte er gleich: »Sie müssen wissen, ich bin keine

Joseph P. Kennedy (Bildmitte) in seiner Zeit als amerikanischer Botschafter in Großbritannien im Kreis seiner Kinder. Die Aufnahme entstand im Juli 1939 während der Sportwettkämpfe, bei denen die Universitäten Oxford und Cambridge gegen die von Harvard und Yale antraten. Oxford und Cambridge siegten.

Leuchte wie mein Bruder Joe.« Tatsächlich waren seine Noten eher befriedigend. Zudem schaffte er es trotz seines Ehrgeizes nicht, in die Schwimm- oder die Footballmannschaft aufgenommen zu werden.

1937 wurde Vater Joe Botschafter in Großbritannien. So kam auch Jack mehrfach nach Europa und unternahm dort ausgedehnte Reisen. Dabei wurde er in den amerikanischen Vertretungen aller von ihm besuchten Länder wegen seines Vaters bevorzugt behandelt und bekam jeden Gesprächspartner, den er haben wollte – keineswegs immer zur Freude der Diplomaten, von denen sich einer erregte: »Dass Leute, die viel zu tun hatten, ihre Zeit dafür opfern sollten, eine Tour für ihn zu organisieren, regte uns auf.« Der junge Kennedy galt in diplomatischen Kreisen als »ein Emporkömmling und ein Ignorant«. Im Sommer 1938 half er dem Vater in der Botschaft. Er kehrte nach Harvard zurück, gerade als die Sudetenkrise auf ihrem Höhepunkt war. Im Jahr darauf ließ sich John F. Kennedy sogar beurlauben, um abermals nach Europa zu reisen. Er war in London, als die deutsche Wehrmacht in Polen einfiel. Dort erlebte er, wie Großbritannien Deutschland den Krieg erklärte. Aus dieser Zeit stammt Kennedys Interesse an der Politik, vor allem an der Außenpolitik. »Der Krieg hat mein Denken ganz auf die internationalen Beziehungen gelenkt«, schrieb er, als er schon amerikanischer Präsident war.

Als er aus Europa nach Harvard zurückkehrte, wählte er das Thema seiner Abschlussarbeit: die britische Politik des »Appeasements«, die Politik des Nachgebens gegenüber Hitler-Deutschland. Vor allem ging es ihm dabei

## Botschaft auf der Kokosnuss

> »Wir haben versucht und versuchen noch immer, Jacks akademisches Interesse dahingehend zu entwickeln, … dass es seiner natürlichen Intelligenz, Liebenswürdigkeit und Popularität entspricht.«
>
> Aus einem Empfehlungsschreiben des Internatsdirektors an die Zulassungsbehörde der Universität Harvard, 1935

um das Münchener Abkommen, die Abtretung der Sudetengebiete an Deutschland. Frankreich und Großbritannien wollten auf diese Weise den Krieg vermeiden. Das Münchener Abkommen gilt heute als Inbegriff falscher Nachgiebigkeit gegenüber den erkennbar aggressiven Absichten Hitlers.«»München« war damals für viele junge Leute ein Schlüsselerlebnis, weil das Abkommen klarmachte, dass sich die Demokratien einem Mann wie Hitler nicht widersetzen konnten und sowohl die »Völkerbund«-Politik als auch die Appeasement-Politik zum Scheitern verurteilt waren.

148 Seiten stark wurde die Abschlussarbeit, die keineswegs einheitliches Lob fand. Im Gegenteil – Einer von Kennedys Professoren merkte an: »Die grundlegenden Prämissen nicht geklärt. Viel zu lang, umständliche Diktion, Wiederholungen. Bibliografie prätentiös und unvollständig.« Kennedy schloss sein Studium auch nur mit »cum laude« ab, aber das war ihm gleichgültig. Jack kannte keine Selbstzweifel. Ein Kommilitone aus Harvard meinte damals über ihn: »Wir rissen ständig unsere Witze, weil er die ganze Zeit mit einer derart wichtigen Miene herumlief und von nichts anderem redete als seiner berühmten Examensarbeit. Wir konnten es nicht mehr hören, und schließlich hielt er den Mund.«

John F. Kennedys Eintrag im Jahrbuch der Universität Harvard von 1940.

Weil sich die internationale Lage immer mehr zuspitzte, fühlte Kennedy sich sogar ermutigt, mit tatkräftiger Hilfe des Vaters aus der Abschlussarbeit ein Buch werden zu lassen. *Why England Slept* (Weshalb England schlief) hieß es, eine Anspielung auf Winston Churchills Buch *Während England schlief*. Kennedy war damals 23 Jahre alt. Die großen Verlage lehnten sein Manuskript als von den Ereignissen überholt ab. Sie vergaben sich eine Chance, denn das Buch wurde ein Bestseller. Und der Schutzumschlag mit der Zeichnung eines schlafenden Löwen darauf wurde berühmt.

## Kindheit, Jugend, Studium, Militärdienst

Jacks Name stand nach Erscheinen des Buches zum ersten Mal gleichberechtigt neben dem seines Vaters. John F. Kennedy nannte das Zurückweichen Englands vor Hitler »in einem gewissen Sinn realistisch«, weil England auf einen Krieg gar nicht vorbereitet gewesen sei. Das wiederum hatte in seinen Augen »mit der allgemeinen Schwäche der Demokratie und des Kapitalismus« zu tun. Die Demokratie habe neben einer Diktatur große Schwächen, weil sie auf Frieden ausgerichtet sei. Zudem schrieb Kennedy einen Satz, an den er während seiner politischen Laufbahn wohl oft gedacht haben wird: »Ich halte es für einen der großen Mängel der Demokratie, dass sie stets versucht, Sündenböcke für ihre eigene Schwäche zu finden.« Auf lange Sicht sei die Demokratie aber zu bevorzugen: »Die Demokratie ist die überlegene Regierungsform, weil sie auf der Achtung des Menschen als vernünftiges Wesen gründet.«

Kennedy hielt sich in seinem Buch nicht lange mit kritischen Betrachtungen auf, sondern legte dar, was die demokratischen Staaten tun müssten, um angesichts des Nationalsozialismus in Deutschland ihre Überlegenheit auszuspielen. In seinen Augen müssten sie ihre Schwächen erkennen und als Antwort darauf ihre Institutionen sichern und stärken. Er sprach von »freiwilligem Totalitarismus«. »Denn schließlich besteht das Wesen des totalitären Staates darin, nicht zuzulassen, dass Gruppeninteressen der nationalen Zielsetzung zuwiderlaufen.« Kennedy sprach sich für einen unsentimentalen Realismus in der Politik aus. Und dieser hat ihn auch während seiner weiteren politischen Laufbahn fast immer geleitet.

Das Buch erschien im Sommer 1940. Die Besprechungen waren durchweg lobend. Nach der Präsidentschaftswahl gab Vater Joe Kennedy im November 1940 seinen Botschafterposten auf und kehrte in die Heimat zurück, um sich fortan der Förderung seiner Söhne zu widmen. Franklin D. Roosevelt, der im alten Kennedy einen Widersacher für die Wahl gewittert und ihn deshalb aus London zurückgerufen hatte, wurde als Präsident wiedergewählt. Roosevelt war der letzte amerikanische Präsident, der drei Amtszeiten lang im Weißen Haus saß.

Jack wusste nach der Buchveröffentlichung nicht so recht, wie es mit ihm weitergehen sollte. Er ging noch einmal zum Studium an die Universität von Stanford. Mit der Ortswahl verband er wohl vor allem den Wunsch, sich unter der kalifornischen Sonne zu wärmen, insbesondere seinen schmerzenden Rücken. Stanford blieb dann aber nur ein Intermezzo. Kennedy reiste durch Lateinamerika und genoss das Leben. Noch vor dem Angriff der Japaner auf Pearl Harbor am 7. Dezember 1941, der Amerika in den

Nach dem Überfall Deutschlands auf Polen am 4. September 1939, der den Zweiten Weltkrieg einleitete, hielt der amerikanische Präsident Franklin D. Roosevelt eine Radioansprache.

## Botschaft auf der Kokosnuss

John F. Kennedy 1943 als Soldat im Südpazifik.

Zweiten Weltkrieg hineinriss, hatten sich Kennedy und sein älterer Bruder zum Militär gemeldet. Joe Kennedy kam zu den Marinefliegern. Jack war wegen seiner Krankheiten, vor allem wegen seiner Rückenprobleme, eigentlich nicht tauglich. Aber sein Vater und er ließen die Beziehungen spielen, sodass Jack zunächst zum Nachrichtendienst kam, wo er sich aber langweilte. Daraufhin bewarb er sich um die Ausbildung zum Führer eines Patrouillen-Torpedobootes, eines der legendären PT-Boote. Er wurde genommen und kam schließlich auf die Salomoninseln im Südpazifik. Dort tobte der Krieg zwischen Amerikanern und Japanern, der schon Tausende Soldatenleben und Dutzende Schiffe gefordert hatte, ohne dass eine Entscheidung gefallen wäre. Dort bekam Kennedy das Kommando über PT 109.

Die PT-Boote waren schnell und wendig. Sie hatten jedoch keine Panzerung, bestanden aus Holz und wurden mit Flugzeugbenzin betrieben. Die wenigsten Schiffe waren mit Radar ausgerüstet. Die Bewaffnung war nur leicht, um die Boote nicht unnötig schwer zu machen. Wurde eines der Boote vom Feind getroffen, verwandelte es sich in einen Feuerball. Die Torpedos an Bord stammten noch aus der Zeit des Ersten Weltkriegs. Mitunter explodierten sie noch im Rohr, oder ihr Antrieb funktionierte nicht richtig. »Die PTs haben ihren glänzenden Ruf nur bei denen, die nichts davon verstehen«, schrieb Kennedy seiner Schwester Kathleen.

Die Patrouillen-Torpedoboote wurden zumeist nachts eingesetzt, um der Entdeckung durch feindliche Zerstörer zu entgehen. In der Nacht vom 1. auf den 2. August 1943 bekam Kennedys Boot zusammen mit 14 weiteren den Auftrag, vier japanische Zerstörer abzufangen. Es war, wie später geschrieben wurde, »die vielleicht wirrste und ineffektivste Aktion, an der die PTs überhaupt beteiligt waren«. Den japanischen Schiffen geschah nichts. Keiner der 32 abgefeuerten amerikanischen Torpedos erreichte sein Ziel. Obgleich ein PT eigentlich viel schneller war als die schweren japanischen Schiffe, rammte einer der Zerstörer Kennedys Boot mittschiffs und zerschnitt es dabei regelrecht in zwei Hälften. Die Kameraden auf den anderen Schiffen sahen den üblichen Feuerball und gaben die Besatzung verloren. Tatsächlich aber waren nur zwei Mann ums Leben gekommen. Die übrigen elf retteten sich auf ein Wrackteil, wobei Kennedy zweien seiner Leute half. Einer hatte schwere Verbrennungen erlitten und konnte zudem nicht schwimmen. Als es Tag wurde, wies Kennedy die Mannschaft an, zu einer der nahe gelegenen Inseln – heute Kennedy Island genannt – zu schwimmen, damit sie von den Japanern nicht entdeckt würden. Sie hielten sich dabei an einem Balken fest. Kennedy zog, auf dem Bauch schwimmend, den schwer verletzten

## Kindheit, Jugend, Studium, Militärdienst

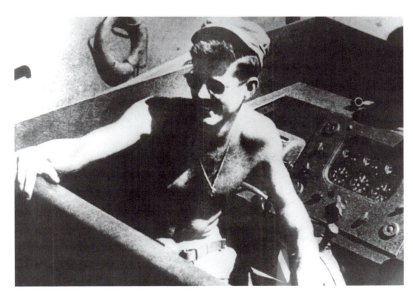

Während seiner Militärzeit war Kennedy Kommandeur des Patrouillen-Torpedobootes 109.

Maschinisten hinter sich her, indem er das Band der Rettungsjacke im Mund festhielt. Sie brauchten fünf Stunden. Als die Kameraden an Land und gerettet waren, schwamm Kennedy sofort wieder los, um vorbeifahrenden Schiffen ein Zeichen geben zu können. Übermüdet und entkräftet, wie er war, verlor er dabei das Bewusstsein. Nur der Umstand, dass er in den gefährlichen Strömungen auf ein Riff gespült wurde, rettete ihm das Leben.

Entdeckt wurden die Männer schließlich nach fünf Tagen von Einheimischen, und ein australisches Aufklärungsschiff informierte die Amerikaner. Kennedy hatte den Einheimischen eine Kokosnussschale mitgegeben, in welche seine Männer die Nachricht von ihrem Überleben geritzt hatten: »Eingeborener kennt Posit – kann zu 11 Überlebenden führen – brauchen kleines Schiff – Kennedy.« So kam es, dass auf dem Boot, das die Männer schließlich rettete, auch gleich zwei Kriegsberichterstatter waren. Die Überlebenden lobten Kennedys Einsatz, seinen Mut und seine Entschlossenheit. Die *New York Times* titelte: »Kennedys Sohn rettet 10 Männer im Pazifik, nachdem ein Zerstörer sein PT zerschnitt«. Der *Boston Globe*, sozusagen die Heimatzeitung der Kennedys, titelte: »Kennedys Sohn ist Held im Südpazifik«. Auch die Zeitschrift *New Yorker* widmete der Heldentat eine Geschichte, die dann durch *Reader's Digest* in aller Welt verbreitet wurde. Joe, Kennedys älterer Bruder, litt darunter, dass Jack nun der Kriegsheld in der Familie war. Es drängte ihn, endlich selbst zum Einsatz zu kommen – den er dann mit seinem Leben bezahlte.

> »Der Krieg wird so lange existieren, bis eines fernen Tages der Kriegsdienstverweigerer aus Gewissensgründen das gleiche Ansehen und Prestige genießt wie der Krieger heute.«
>
> **Kennedy in einem Brief, 1944**

# PEARL HARBOR

Ohne Kriegserklärung griffen 350 japanische Flugzeuge am 7. Dezember 1941 die in Pearl Harbor auf O'ahu, Hawaii, vor Anker liegende Pazifikflotte der Vereinigten Staaten an. Sie zerstörten 179 Flugzeuge, versenkten drei Schlachtschiffe, beschädigten vier weitere schwer und versenkten elf andere Kriegsschiffe. Auf amerikanischer Seite gab es 2729 Tote. Die »USS Arizona« wurde so schwer getroffen, dass sie innerhalb kurzer Zeit sank und die Besatzung von 1177 Mann mit sich riss. Die Japaner hatten nur wenige Verluste, vermutlich 65 Piloten und U-Boot-Besatzungsmitglieder.

Der Angriff gilt als ein Wendepunkt im Zweiten Weltkrieg, weil er der Auslöser für den direkten Kriegseintritt Amerikas war. Durch den Überraschungsangriff wurde ein Teil der amerikanischen Schlachtflotte ausgeschaltet, wodurch die japanische Flotte für mehrere Monate die absolute Überlegenheit im Pazifikraum besaß. Gleichzeitig mit dem Angriff begann die japanische Offensive gegen die britischen und niederländischen Kolonien in Südostasien – der Krieg wurde endgültig zum Weltkrieg.

Obwohl der Angriff die USA militärisch erheblich schwächte, erwiesen sich seine langfristigen Folgen als fatal für Japan. Durch den in den USA als heimtückisch aufgefassten Angriff gelang es der amerikanischen Regierung unter Franklin D. Roosevelt (1882–1945), die bis dahin skeptische amerikanische Bevölkerung für den Kriegseintritt aufseiten der Alliierten zu mobilisieren, was dank der gewaltigen amerikanischen Militärmacht schließlich die Kriegsentscheidung zu deren Gunsten herbeiführte.

Der Name Pearl Harbor gilt heute in den USA als Synonym für einen Angriff ohne jede Vorwarnung. Das strategische Ziel des Angriffs allerdings, die vollständige Ausschaltung der Pazifikflotte, wurde nicht erreicht. Ein Teil der Pazifikflotte befand sich zum Zeitpunkt des Angriffs auf hoher See. Einige der versenkten Schiffe wurden später wieder gehoben und einsatzbereit gemacht. Nach erbarmungslos geführtem Krieg mussten die Japaner am 2. September 1945 auf dem Schlachtschiff »Missouri« die Kapitulationsurkunde unterzeichnen.

Anhänger von Verschwörungstheorien behaupten bis heute, die amerikanische Aufklärung habe von dem bevorstehenden Angriff der Japaner gewusst, die Flotte aber nicht gewarnt, um einen Grund für den Kriegseintritt zu finden. In der Militärtechnik gilt der Angriff auf Pearl Harbor als Wendepunkt bei der amerikanischen Marine vom großen Schlachtschiff hin zum Flugzeugträger.

# Kindheit, Jugend, Studium, Militärdienst

John F. Kennedy (Mitte) zusammen mit Kameraden auf den Salomoninseln im Südpazifik.

Jack aber verließ schon bald darauf die Marine, abermals wegen gesundheitlicher Probleme. Er unterzog sich einer Rückenoperation. Über den Krieg dachte er seitdem anders als vor seinem Militäreinsatz: »Die Leute gewöhnen sich so sehr daran, über Milliarden von Dollar und Millionen von Soldaten zu reden, dass einige Tausend Tote wie ein paar Tropfen im Meer klingen. Aber wenn jene Tausende so sehr am Leben hängen wie die zehn, die ich sah – dann sollte man mit Worten sehr, sehr vorsichtig umgehen.«

Kennedy hat zwar seine Heldengeschichte in späteren Wahlkämpfen weidlich ausgeschlachtet, dennoch wusste er genau wie seine Vorgesetzten, dass der Untergang von PT 109 unter Umständen wohl hätte verhindert werden können. Allerdings wurde dem Kommandanten zugutegehalten, dass PT 109 kein Radar hatte und sich deswegen in stockfinsterer Nacht nicht hatte orientieren können. Der Untergang von PT 109 war wohl, wie Kennedys Biograf Dallek schrieb, »mehr ein grotesker Unfall als ein ›dummer Fehler‹ von Jack«.

Die berühmte Kokosnuss auf Kennedys Schreibtisch im Weißen Haus.

Das Torpedoboot machte 2002 noch einmal Schlagzeilen, als der Archäologe Robert Ballard, der in den 1980er-Jahren die Wracks der »Titanic« und des deutschen Schlachtschiffs »Bismarck« entdeckt hatte, Reste von Kennedys Schiff vor den Salomonen fand. Im Präsidentschaftswahlkampf von 1960 wurden Anstecknadeln mit dem Motiv des Torpedobootes ausgegeben. Die Kokosnuss diente dem Präsidenten später im Weißen Haus auf seinem Schreibtisch als Briefbeschwerer.

# *Vater und Bruder*
## Entscheidung für die Politik

**Das Flugzeug war mit zehn Tonnen TNT beladen. Es war eine gewaltige fliegende Bombe. Am 12. August 1944 hob es vom Stützpunkt in England ab. Es sollte an der französischen Kanalküste die Stellungen der Deutschen angreifen, von denen aus die V 1 abgeschossen wurden, Hitlers sogenannte Vergeltungswaffe, die in London schon schwere Verwüstungen angerichtet hatte.**

Pilot war Joe Kennedy, der älteste Sohn, der eigentlich nach mehr als 30 Einsätzen im Krieg längst wieder zu Hause sein sollte. Sein Auftrag lautete diesmal: Das Flugzeug in die richtige Position bringen, den Zündmechanismus einstellen und dann abspringen. Dazu kam es nicht mehr. Das Flugzeug explodierte schon über dem Ärmelkanal.

Joe Kennedy, der nicht umsonst den Namen des Vaters bekommen hatte, sollte eigentlich erreichen, was der Vater nicht geschafft hatte: Präsident der Vereinigten Staaten zu werden – der erste katholische Präsident. Joe hatte auch zu den größten Hoffnungen Anlass gegeben. Er war ein herausragender Student und beim Militär ein umsichtiger Pilot. Weshalb sein Flugzeug vor der Zeit explodierte, ist bis heute ungeklärt. Überreste der beiden Piloten wurden nie gefunden.

Die hohen Erwartungen der Familie an Joe junior übertrugen sich nun auf seinen jüngeren Bruder Jack. Einem Reporter erzählte dieser 1957: »Es war wie eine Einberufung. Mein Vater wollte, dass der älteste Sohn in die Politik geht. ›Wollte‹ ist nicht das richtige Wort. Er verlangte es.« John F. Kennedy wusste freilich auch: »Ich werde schattenboxen in einem Kampf, in dem der Schatten immer gewinnt.« Und an anderer Stelle wurde er gegenüber einem Jugendfreund noch deutlicher: »Ich glaube, mein Vater hat beschlossen, den Bauchredner zu machen. Da bleibt mir wohl nur die Rolle der Puppe.«

Der Politiker Jack war freilich nicht nur das Produkt seines Vaters, auch wenn der bis zu seinem Schlaganfall 1961 alle Fäden in der so einflussreichen Familie in der Hand hielt und Unterordnung erwartete. Jacks Interesse vor allem an der Außenpolitik war längst geweckt, auch wenn der Vater unerbittlich für sich in Anspruch nahm, Jack in die Politik gebracht zu haben: »Niemand anderes als ich. Ich sagte ihm, Joe sei tot, und nun ist es deine Pflicht, für den Kongress zu kandidieren.« Jack versuchte immer wieder mehr oder weniger vergeblich, das Bild, das man auch in der Öffentlichkeit von seinem Vater hatte, gerade zu rücken. Er blieb ja auch tatsächlich von

> »Der Tod von Joe jr. war ein fürchterlicher Schlag für die Kennedy-Familie, besonders jedoch für Joseph und Jack. Der Sohn, auf den der Vater seine größten Hoffnungen gesetzt hatte, lebte nicht mehr. Gleichzeitig hatte der Krieg aus Jack einen national bekannten Helden gemacht. Joseph Kennedy wandte sich daher seinem zweiten Sohn zu in der Hoffnung, er werde eine erfolgreiche Karriere in der Politik antreten.«
>
> Georg Schild in seiner Kennedy-Biografie

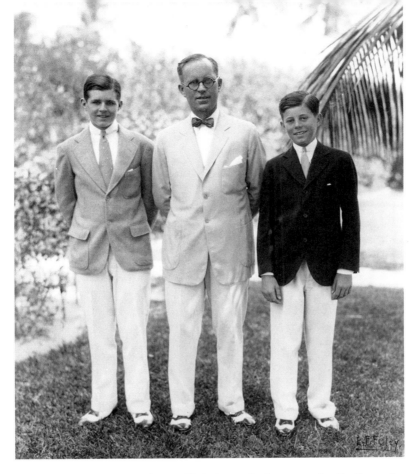

Joseph P. Kennedy 1931 mit seinen beiden ältesten Söhnen Joseph P. jr. (links) und John F.

seinem Vater abhängig. Als er volljährig wurde, hatte er wie alle Kennedy-Kinder eine Million Dollar bekommen. Auch Jahre später ließ John F. Kennedy seine Geldgeschäfte noch über seinen Vater abwickeln.

Erst einmal wurde Jack nach Kriegsende aber nicht Politiker, sondern Reporter. Auch das hatte ihm sein Vater vermittelt, indem er mit seinem Freund, dem Verleger William Randolph Hearst, sprach. Dem Vater ging es darum, Jacks Namen, den Namen des Kriegshelden, im öffentlichen Bewusstsein wachzuhalten – mit Blick auf Künftiges. Kennedy berichtete im Frühjahr 1945 für den in Chicago erscheinenden *Herald-American* von der Gründungsversammlung der Vereinten Nationen in San Francisco. Er lieferte 16 Berichte von dort. Danach war er wieder in Europa unterwegs. Er schrieb über den Wahlkampf in Großbritannien, wo er einen knappen abermaligen Sieg für den von ihm verehrten Winston Churchill voraussagte, tatsächlich aber die Labour-Partei einen großen Sieg erzielte. Er berichtete von der Potsdamer Konferenz, auf der die Siegermächte im Schloss Cecilienhof die europäische Nachkriegsordnung besprachen.

1946 kehrte John F. Kennedy wieder nach Hause zurück. Und nun begann endgültig seine politische Karriere, denn im November 1946 standen

## Vater und Bruder

John F. Kennedy mit seinem Großvater John F., genannt Honey-Fitz (links), und seinem Vater Joseph P.

die Wahlen zum Kongress an. Kennedy bewarb sich in seiner alten Heimat Massachusetts, im Wahlkreis 11 in Boston, den einst auch »Honey-Fitz«, Jacks Großvater, gewonnen hatte und in dem vor allem Nachfahren irischer und italienischer Einwanderer, allesamt Katholiken, lebten.

Freilich wohnten die Kennedys zu diesem Zeitpunkt schon lange nicht mehr in Bosten, sondern waren im Zusammenhang mit Joes diplomatischer Karriere nach New York gezogen. So musste Jack sich im Hotel Bellevue erst einmal ein Zimmer nehmen, um dort mit erstem Wohnsitz gemeldet zu sein. Die Bostoner Demokraten waren alles andere erfreut über Kennedys Kandidatur. Jacks erster Wahlkampf kennzeichnete all das, was auch für die späteren typisch sein sollte: Einsatz der ganzen Familie und ihres vielen Geldes, viele Helfer und die Beziehungen des Vaters, die er, im Hintergrund bleibend, bei jeder Gelegenheit nutzte, mal fordernd, mal bittend. Hinzu kam allerdings Jacks Charme, der besonders auf Frauen enorm anziehend wirkte. Teestunden wurden zu einem festen Bestandteil von Jacks Wahlkämpfen. Dabei wurde ein Dutzend Frauen nachmittags eingeladen, mit denen Jack und seine Schwestern über Küche, Kinder und Kirche plauderten, Bruder Robert aber mit den Kindern Football spielte. Die anderen Bewerber

## Entscheidung für die Politik

Kennedy als Mitglied des Repräsentantenhauses 1948 mit seinen Schwestern Eunice (links) und Jean.

mokierten sich darüber, dass Kennedy nicht zu seinen Wählern ging, sondern sie einfach zu sich kommen ließ.

Die Kennedys bezahlten für die Organisation des Wahlkampfes eine Werbeagentur, was damals noch eine neue Idee war. Den Gegenkandidaten setzten sie zu, indem sie Leute regelrecht kauften. So kandidierte unter anderen auch ein Bewerber namens Joseph Russo. Die Kennedys überredeten einen jungen Mann mit demselben Namen, gegen üppige Aufwandsentschädigung ebenfalls zu kandidieren und so Verwirrung zu stiften. Einem anderen Kandidaten wurde eine Stelle auf Lebenszeit angeboten. Als er darauf nicht einging, nutzte Joe Kennedy seine Bekanntschaft mit Hearst, und fortan ignorierten die Zeitungen den Wahlkampf des Mannes. Ein Journalist sagte über Jacks Wahlkampf: »Das war, als hätte ein Elefant eine Erdnuss zerdrückt.« Vater Kennedy selbst meinte: »Mit dem Geld, das ich hier ausgebe, könnte ich meinen Chauffeur in den Kongress wählen lassen.«

Das Ziel wurde jedenfalls erreicht. John F. Kennedy gewann zunächst die Vorwahl in Boston. Die eigentliche Wahl am 5. November 1946 war dann ohnehin nur noch eine Formsache. Kennedy gewann triumphal mit 60 000 Stimmen gegen 26 000 – und stahl sich am Abend seines ersten großen

Kennedy war 29 Jahre alt, als er 1946 erstmals für das Repräsentantenhaus kandidierte.

Das Wappen des amerikanischen Kongresses.

Wahlerfolgs kurzerhand davon, um im Kino *Eine Nacht in Casablanca* zu sehen. Insgesamt waren zwar die Republikaner die Sieger der 80. Kongresswahl, aber Boston blieb traditionell in der Hand der Demokraten. Kennedy war nun eines von 435 Mitgliedern im Repräsentantenhaus, arbeitete im Kapitol und wohnte in einem Washingtoner Reihenhaus. Er hatte in seinem ersten Wahlkampf viel gelernt. Vor allem überwand er seine Scheu vor Menschenmengen, seinen Widerwillen, Menschen in den Straßen, Wirtshäusern und Geschäften anzusprechen. Ihm half dabei, dass er bald schon merkte, wie enorm sein Charme wirkte und wie aufrichtig er anderen erschien. »Kennedys Art zu sprechen, seine Wortwahl und Modulation, sein fester Blick brachten seine Zuschauer dazu, ihn beim Wort zu nehmen«, merkte sein Biograf Dallek an. Zu Kennedys Erstaunen begann das Publikum, seine Auftritte derart zu mögen, dass es in Massen dorthin strömte, wo er öffentlich auftrat. Aber sein politischer Ehrgeiz war als Kongressmitglied keineswegs befriedigt. Das Repräsentantenhaus wird alle zwei Jahre gewählt. Kennedy wurde 1948 und 1950 wiedergewählt. Einer seiner Mitarbeiter sagte damals schon über Jack: »Er brauchte ein Ziel, auf das er hinarbeiten konnte, und das findet ein Neuling im Repräsentantenhaus nicht; auch ältere Abgeordnete tun das selten; ich denke, das Haus war für ihn nur eine Station.«

Tatsächlich bereitete Kennedy schon den nächsten Karriereschritt vor. Er stand vor der Frage, ob er für den Gouverneursposten für Massachusetts kandidieren sollte oder für den Senat. Er entschied sich für die Bundespolitik, also für den Senat. Dem gehörten damals 96 Senatoren an. Heute sind es 100, aus jedem Bundesstaat unabhängig von seiner Größe und Einwohnerzahl jeweils zwei. Alaska und Hawaii wurden erst 1957 Bundesstaaten der USA.

Kennedy musste nun nicht nur in Boston, sondern überall in Massachusetts bekannt werden. Vater Joe gewährte der finanziell in Schwierigkeiten geratenen Zeitung *Boston Post* einen Kredit über eine halbe Million Dollar, woraufhin Kennedys Wahlkampf im Blatt unterstützt wurde – obgleich es sonst den Republikanern zugetan war. »Weißt du, wir mussten diese Scheiß-Zeitung kaufen, sonst wäre ich geschlagen worden«, sagte Kennedy später einem Journalisten. John F. Kennedy machte von morgens bis abends Wahlkampf. Robert Kennedy, der jüngere Bruder, führte die Kampagne, Vater Joe zahlte. Jeder Haushalt in Massachusetts erhielt eine Kennedy-Wahlkampfbroschüre, und in jeder Ortschaft entstand eine parteiunabhängige Organisation, die für Kennedy Wahlkampf machte. Wieder gab es die Teegesellschaften.

Kennedy wurde erstmals 1952 zum Senator von Massachusetts gewählt.

Die Kennedys waren bei diesem Wahlkampf schon deshalb stark motiviert, weil Großvater Honey Fitz 1916 gegen den Republikaner Lodge verloren hatte. Lodges Enkel Henry Cabot saß seit 1936 im Senat, unterbrochen nur von seinem Kriegsdienst. Er war eine Institution, und er war zunächst fest davon überzeugt, auch die nächste Wahl zu gewinnen. Tatsächlich siegten im November 1952 abermals die Republikaner. Sogar der Gouverneursposten in Massachusetts, eigentlich ein Stammsitz der Demokraten, ging an einen Republikaner. Und auch bei der Präsidentenwahl siegte ein Republikaner – Dwight D. Eisenhower. Aber ganz im Gegensatz zu diesem Trend wurde der 35 Jahre alte Kennedy mit 51,7 Prozent Senator und so über Nacht überall in Amerika bekannt. »Jetzt haben die Fitzgeralds die Scharte ausgewetzt«, frohlockte Kennedys Mutter. Und Vater Joe nahm schon Kurs auf die nächste Herausforderung: »Es wird für dich nicht schwieriger sein, Präsident zu werden, als Lodge zu schlagen.«

Kennedys Sieg allein mit dem Reichtum des Vaters, der straffen Organisation des Wahlkampfes und Roberts Leitung zu erklären, griffe allerdings

## Vater und Bruder

> »Anstatt ständig von den Vorzügen der Demokratie in der Innenpolitik zu sprechen, sollten wir die Nachteile im internationalen Feld anerkennen … Wenn jemand entscheidet, dass die demokratische Staatsform die beste ist, muss er bereit sein, gewisse große Opfer zu bringen.«

KENNEDY IN SEINER ABSCHLUSSARBEIT AN DER HARVARD-UNIVERSITÄT, 1940

zu kurz. »Kennedy gewann kraft seiner Persönlichkeit – er war offensichtlich ein neuer Typus des Politikers, einer, den die Leute in diesem Jahr suchten«, meinte einer von Kennedys Mitarbeitern. Intelligenz, Charme, Würde, Schlagfertigkeit und nicht zuletzt Humor – all das war Kennedy gleichsam von der Natur gegeben. Seine Jugend und Frische kamen an. Auf Frauen hatte er eine offenbar unwiderstehliche Ausstrahlung. Was seine Wähler allerdings nicht wussten: welch ungeheure Disziplin der Kandidat aufbrachte, sich zum einen seine Krankheiten nicht anmerken zu lassen und zum anderen seine natürliche Scheu vor Menschenmengen und Berührungen zu überwinden. Einer seiner Freunde hat Kennedys Wirkung vermutlich besonders treffend ausgedrückt, gerade weil er im Ungefähren blieb: »Er hatte etwas, was sonst niemand hatte. Es war ein höherer Sinn fürs Dasein – anders kann ich es nicht beschreiben.«

Kennedy hatte seinen Wählern versprochen, sich mehr für Massachusetts einzusetzen. Und das tat er auch durch Gesetzesinitiativen etwa zur Stärkung der Textilindustrie und der Fischerei sowie zum Ausbau des Hafens von Boston. In einer entscheidenden Frage aber wollte er nachweisen, dass er über seinen Wahlkreis hinaus nationale Interessen sehr wohl abzuwägen wusste. Es ging dabei um den Plan, die Industriezentren an den Großen Seen mit dem Atlantik durch einen Kanal, den Sankt-Lorenz-Seeweg, zu verbinden, den auch Hochseeschiffe passieren konnten. Die Hafenstädte an der Ostküste wie Boston befürchteten Einbußen und waren deshalb gegen das Vorhaben. Kennedy teilte diese Ansicht zunächst, brach dann aber aus der Front der Ablehnenden aus. Ihm wurde deswegen vorgeworfen, er habe das nur getan, weil sein Vater in Chicago das Handelszentrum gekauft hatte, den seinerzeit größten in Privatbesitz befindlichen Gebäudekomplex der Welt. Tatsächlich aber hatte der junge Senator den Nutzen für Amerikas Wirtschaft eingesehen. Später bekannte er: »Die Abstimmung über den Sankt-Lorenz-Seeweg war die schwierigste Entscheidung, politisch gesehen.«

Schwierig war für Kennedy in dieser Zeit aber auch die Frage, wie er sich zu Joseph McCarthy stellen sollte. McCarthy, Senator aus Wisconsin, war Vorsitzender des Senatsauschusses zur Überwachung der Regierungtätigkeit und kam zu zweifelhaftem Ruhm, weil er überall im Staat eine kommunistische Verschwörung witterte. Das führte zu Überwachungen nicht nur im Staatsapparat, sondern auch bei den Intellektuellen, die sich vor den berüchtigten »Komitees für unamerikanischen Tätigkeiten« zu rechtfertigen hatten. Charlie Chaplin oder Bertolt Brecht, aber auch Thomas Mann und der Wissenschaftler Robert Oppenheimer sind wohl die bekanntesten

Joseph McCarthy (links) mit Senator Herman Welker bei einer Sitzung des Ausschusses, der die Regierung in Washington überwachen sollte.

Beispiele solcher Befragungen. McCarthy gab einer ganzen Ära seinen Namen, die manche auch »Zweite Rote Angst« nannten. Sein fanatischer Antikommunismus vergiftete nicht nur das politische Klima, er war auch schuld daran, dass berufliche Existenzen Unschuldiger vernichtet wurden und es gerade unter Intellektuellen damals viele Selbstmorde gab.

McCarthy ist nur in seiner Zeit zu verstehen. Der Antikommunismus jener Jahre war nicht einfach nur eine übersteigerte politische Einstellung. Die Berlin-Blockade lag noch nicht lange zurück, ebenso die sowjetischen Atombombentests oder der Sieg Mao Tse-Tungs im chinesischen Bürgerkrieg. Der Koreakrieg begann 1950. Und dann wurden gleich mehrere sowjetische Spione in Amerika enttarnt. Der Kommunismus war in den Jahren des Kalten Krieges also eine reale Gefahr in der Welt, mit der sich Kennedy auch später als Präsident immer wieder auseinanderzusetzen hatte. Der Kommunismus schien auf dem Vormarsch und hatte damals gerade für die Staaten der Dritten Welt eine große Anziehungskraft. Allerdings war der Antikommunismus McCarthys innenpolitisch völlig übersteigert, vor allem in den 1950er-Jahren. Als McCarthy auch in der Armee Feinde zu wittern begann, wurde immer schärfere Kritik an ihm laut. Der Wendepunkt war eine öffentliche, vom Fernsehen übertragene Anhörung der Armeeführung. Millionen Zuschauer erlebten McCarthys unfaire Methoden. Sie erlebten einen Politiker, der vermutlich ein Psychopath war, in jedem Fall aber Alkoholiker; einen fahrigen Mann, der sich selbst unmöglich machte. Daraufhin wurde im Senat ein Misstrauensantrag gegen ihn gestellt und angenommen.

## Vater und Bruder

Senator Joseph McCarthy auf einer Pressekonferenz 1953. Kurz darauf stellte der Senat einen Misstrauensantrag gegen ihn, an dem sich Kennedy nicht beteiligte, indem er Krankheit vorschützte.

Kennedy nahm an der Abstimmung nicht teil, da er wieder einmal krankheitsbedingt, wegen einer schweren Rückenoperation, fehlte. Allerdings war er froh über die Ausrede, obgleich er als Senatsmitglied vom Krankenbett aus hätte abstimmen können. Und ihm wurde dann auch tatsächlich politische Feigheit vorgeworfen, so etwa von Eleanor Roosevelt, der Witwe des berühmten Präsidenten, was natürlich schwer wog. Aber Jack hatte McCarthy einiges zu verdanken, der wie er irischer Abstammung und katholisch war. Vater Joe hatte sich an McCarthys Wahlkampfkosten beteiligt. Zudem war McCarthy Jack Kennedy nützlich gewesen, weil er seine damals noch große Popularität nicht für seinen Parteifreund Lodge einsetzte, Kennedys Gegner im Senatswahlkampf. »Um meine Situation zu verstehen, müssen Sie bedenken, dass mein Vater und meine Schwester Eunice mit Joe befreundet waren und dass mein Bruder Bobby für ihn arbeitete. Also gab es diesen ganzen Druck von der Familie«, erklärte er. Kennedy hat sich auch später nie von McCarthy distanziert, nicht einmal nach dessen Tod.

Solche Erfahrungen aus dem Senat wie auch das oftmals schwierige Verhältnis zwischen lokalen und nationalen Interessen, die Mutlosigkeit bei wichtigen Entscheidungen aufgrund privater Verbundenheit – all das veranlasste Kennedy, abermals ein Buch vorzulegen. *Zivilcourage* – im Originaltitel *Profiles in Courage* – schildert die Lebensgeschichte von acht Senatoren vom 18. bis zum frühen 20. Jahrhundert, angefangen von John Quincy Adams, der Präsident Thomas Jefferson entgegengetreten war, bis hin zu Robert A. Taft, der sich mit dem von ihm maßgeblich ausgearbeiteten Arbeitsrecht, dem Taft-Hartley Labor Act von 1947, gegen Präsident Truman stellte und »so fest zu seinen Grundsätzen stand, dass ihn nicht einmal die Verlockungen des Weißen Hauses ... davon abhielten, sich zu seinen Grundsätzen zu bekennen«. Im Vorwort schilderte Kennedy, welchen Zwängen ein Senator ausgesetzt sei – dem sozialen im Kongress selbst, dem natürlichen Wunsch, wiedergewählt zu werden, und dem Druck der Wähler und Interessengruppen. Ein älterer Abgeordneter habe zu Beginn seiner Senatslaufbahn zu ihm gesagt, der beste Weg, mit den anderen auszukommen, sei, mit ihnen mitzugehen. Was die Auswahl der Senatoren in *Zivilcourage* betrifft, so bemerkte der australische Schriftsteller Bruce Grant an, es seien »vielschichtige, ja rätselhafte amerikanische Politiker«. In denen habe sich Kennedy wiedergefunden, mehr jedenfalls als bei »illustren Helden«.

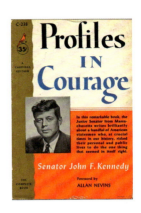

Kennedys Buch *Zivilcourage* erschien 1956.

*Zivilcourage* erschien 1956 und wurde abermals ein Bestseller. Das Buch erhielt den Pulitzer-Preis in der Kategorie Biografie. Aber erstmals tauchten auch Zweifel auf, ob Kennedy das Buch wirklich selbst geschrieben hatte. Immerhin hatte er selbst Theodore Sorensen im Buch gedankt und veranlasst, dass ein Teil des Honorars an ihn ging. Sorensen war 1953 zu Kennedy gestoßen und wurde, neben Bruder Bobby, zu seinem wichtigsten Vertrauten, Assistenten und Redenschreiber. Von ihm hieß es, er könne sich am Telefon mühelos als Kennedy ausgeben. In jedem Fall dachte und schrieb er wie Kennedy, obwohl beide von ihrer Herkunft und ihrem Temperament her kaum gegensätzlicher hätten sein können. Ted Sorensen selbst erinnerte sich: »Im Laufe der Jahre wusste ich, was er über jedes Thema dachte und was er darüber sagen wollte, und so wurden unser beider Stil und Sprache immer mehr eins.«

Zwei Jahre nach *Zivilcourage* trat Kennedy noch einmal als Autor und Herausgeber hervor mit seinem Buch *A Nation of Immigrants*, das in der deutschen Ausgabe den Titel *Die Nation der vielen Völker* trägt und ein Plädoyer für eine liberale Einwanderungspolitik ist – nicht zuletzt aus der eigenen Einwanderungserfahrung der irisch-katholischen Familie Kennedy.

# *Jack und Jackie*
## Kennedy als Frauenbetörer

**Kennedy war 36 Jahre alt, als er im Frühjahr 1953 bei einer Party im feinen Washingtoner Stadtteil Georgetown Jacqueline Bouvier kennenlernte. Die 23-jährige Jacqueline stammte aus einer französischen Einwandererfamilie und war katholisch wie Jack.**

Jacqueline Bouvier im Alter von fünf Jahren.

Ihr Vater, Black Jack genannt, war ein zunächst erfolgreicher Börsenmakler, verlor aber sein Vermögen in der Weltwirtschaftskrise von 1929. Was ihm an Geld verblieb, brachte er mit Frauen und mit Trinken durch. Jacquelines Mutter war wie Kennedy irischer Abstammung. Sie trennte sich von Black Jack wegen dessen Alkoholabhängigkeit und heiratete einen erfolgreichen und wohlhabenden Investmentbanker. So wuchs Jacqueline in Wohlstand auf, sie besuchte bekannte Privatschulen in den USA und nahm Ballettstunden. Sie konnte malen, beschäftigte sich mit Literatur und Philosophie und ritt so gut, dass sie einige Reitturniere gewann. Sie studierte an der Pariser Sorbonne und an der George Washington University in Washington. Sie sprach fließend Französisch und Spanisch.

Ihre Weltläufigkeit drückte sich ebenso in Stil, Eleganz und Ausstrahlung aus. Darüber war leicht zu vergessen, dass sie mitunter an den Fingernägeln kaute, viel zu viel rauchte und ihre sehr weit auseinander stehenden Augen Mühe hatten, von einer Sonnenbrille bedeckt zu werden. Sie war mehr eine außerordentliche Erscheinung als wirklich schön. Als First Lady bestimmte sie mit, was Anfang der 1960er-Jahre en vogue war: die schicken Chanel-Kostüme, die kurzen Röcke und Mäntel, die weißen Handschuhe, die Bubikopf-Frisur, die großen Sonnenbrillen. Nicht zu vergessen die Pracht ihrer vielen Pillbox-Hüte. Einen pinkfarbenen trug sie zum Kostüm in Pink an jenem Tag, als ihr Mann neben ihr in Dallas ermordet wurde. Ihr Mann mochte übrigens selbst keine Kopfbedeckungen. Nur bei seiner Amtseinführung trug er gezwungenermaßen einen Zylinder. Jackie wurde derart Mode, dass sogar ihre stets etwas aufgeregt wirkende, piepsige Stimme gern nachgeahmt wurde. Sie wurde das, was man eine Stilikone nennt, sie war einer der ganz großen Stars der 1960er-Jahre.

Wie bei ihrem künftigen Mann war auch bei ihr der Vater eine übermächtige Gestalt. Manche Biografen meinen sogar, sie hätte alle Männer allein an Black Jack gemessen. Jacqueline hatte zunächst große Mühe, sich im erbarmungslosen Kennedy-Clan durchzusetzen. Aber es war Vater Joe, der für sie spontan Sympathie empfand – und sie im Gegenzug für ihn, der ihrem Vater doch so ähnlich war.

John F. Kennedy und seine Verlobte Jacqueline Bouvier 1953 auf einem Segeltörn vor Hyannis Port.

Jack und Jackie galten als zauberhaftes Paar. Dabei waren beide mehr Geist als Gefühl, unterkühlt, dabei schlagfertig, witzig und ironisch, wenn es darauf ankam. Beide taten viel, um ihr Bild in der Öffentlichkeit selbst zu bestimmen, was damals noch nicht so schwer war wie für spätere Bewohner des Weißen Hauses, etwa für Hillary und Bill Clinton. Jackie Kennedy war sehr klug, erlebte ihre Jugend aber noch in einer Zeit, als, wie Arthur Schlesinger, einer der Vertrauten des Präsidenten, schrieb, »den jungen Damen beigebracht wurde, ihre Intelligenz zu verbergen, um die jungen Männer nicht abzuschrecken«.

Als Kennedy seine künftige Frau kennenlernte, arbeitete sie als Journalistin für den in Washington erscheinenden *Times-Herald*. Sie hatte dort ihre eigene Kolumne und führte Interviews mit Berühmtheiten. Die *Vogue* zeichnete sie für ihre Texte mit dem »Prix de Paris« aus. »Ich lehnte mich über den Spargel und bat sie um eine Verabredung«, erzählte Jack später über die erste Begegnung mit Jackie. Den Heiratsantrag machte er ihr am Telefon. Sie war gerade in London, um über die Krönungszeremonie für Königin Elisabeth II. zu berichten. Jacqueline wusste, worauf sie sich einließ,

## Jack und Jackie

Am 12. September 1953 heiratete Kennedy seine Verlobte Jacqueline Bouvier.

als sie ihr Jawort in den Hörer flüsterte. Kennedy galt zu diesem Zeitpunkt schon als der »lebenslustige Junggeselle im Senat«. Womöglich wäre Jacqueline, die für ihn eine erste Verlobung mit einem Börsenmakler auflöste, auch nur eine seiner vielen Eroberungen gewesen, wäre es für ihn nicht ohnehin an der Zeit gewesen zu heiraten, nicht zuletzt um seine politische Karriere weiter zu fördern.

Ihren ersten gemeinsamen Auftritt in der Öffentlichkeit hatten Jack und Jackie in Washington bei der Amtsantrittsfeier von Präsident Eisenhower im Januar 1953. Geheiratet wurde am 12. September 1953. Hunderte Gäste waren dabei. Es war das gesellschaftliche Ereignis des Jahres in Amerika. Jack

## KENNEDY ALS FRAUENBETÖRER

und Jackie wurden lange vor seiner Präsidentschaft zum amerikanischen Traumpaar schlechthin. Der Kennedy-Biograf Alan Posener bemerkte: »Im Traumschloss Camelot wohnte eine Traumfamilie.« Einer von Jacks Freunden aus gemeinsamen Schultagen sagte: »Er sah sie als Geistesverwandte.« Und er fügte hinzu: »Sie waren beide Schauspieler, und ich glaube, sie mochten die Vorstellungen des anderen.« Kennedy selbst meinte 1963 bei einem Staatsbesuch in Frankreich vor den Journalisten gut gelaunt: »Ich halte es keineswegs für unangemessen, wenn ich mich vorstelle. Ich bin der Mann, der Jacqueline Kennedy nach Paris begleitet hat, und ich habe es genossen.«

Aber so wenig das Weiße Haus in Kennedys Zeit wirklich etwas vom Zauber Camelots hatte, so wenig waren Jack und Jackie tatsächlich das Traumpaar, auch wenn sie auf Hunderten Fotos, in Filmaufnahmen und auf Illustriertentitelseiten den Amerikanern, ja der ganzen Welt so erscheinen mussten. Aus den Illustrierten war auch zu erfahren, wie Jackie als treu sor-

> »Sie ist eine Porzellanpuppe, und Porzellanpuppen kriegen keine Babys.«
>
> JOE KENNEDY ÜBER SEINE KÜNFTIGE SCHWIEGERTOCHTER JACKIE, 1953

Jack und Jackie schneiden die Hochzeitstorte an.

## Jack und Jackie

Jacqueline und John F. Kennedy mit ihrer Tochter Caroline.

gende Ehefrau Jacks Lieblingsessen zubereitete – Muscheleintopf. Dabei hatte Jacqueline, als sie noch Studentin war, erklärt, nie Hausfrau werden zu wollen. Nun wurde sie es, wenn auch auf hohem Niveau, und litt dennoch darunter. Sie mochte auch den Namen Jackie nicht, der doch so gut zu Jack passte. Nach 15 Monaten Ehe sagte sie: »Ich war fast jedes Wochenende allein, es war alles falsch. Die Politik war mein Feind, wir hatten überhaupt kein gemeinsames Leben.« Vor allem aber litt sie unter Jacks Eskapaden, auch wenn sie diese, jedenfalls in der Öffentlichkeit, klaglos hinnahm. Selbst das dürfte sie an ihren Vater erinnert haben.

Jack war gerade auf einem Segeltörn durch das Mittelmeer, als sie 1956 daheim eine Fehlgeburt erlitt. Er musste von der Familie ermahnt werden, nach Hause zu fahren – mit dem Hinweis, er wolle doch einmal Präsident

Amerikas werden und da müsse man auf so etwas achten. Er aber konnte sich nur schwer von einer üppigen Blondine trennen, mit der er die Tage in Europa verlebt hatte.

Als im Jahr darauf seine erste Tochter Caroline per Kaiserschnitt geboren wurde, war er immerhin dabei. Sohn John kam kurz nach dem Einzug ins Weiße Haus zur Welt. Das dritte Kind der Kennedys, Patrick, wurde im August 1963 geboren, lebte aber nur zwei Tage. Der tragische Tod des Babys beschäftigte nicht nur ganz Amerika, er half auch dem Ehepaar, dass sich die Partner wieder enger aneinander banden. Jacquelines Trauer war so groß, dass sie sich fast vollständig aus der Öffentlichkeit zurückzog. Und der Präsident rührte die Welt, als er weinend den kleinen Sarg seines Sohnes umklammert hielt. Die erste Reise, auf der sie ihren Mann wieder begleitete, der ersten gemeinsamen überhaupt im Inland, war die nach Dallas – wo er den Tod finden sollte. Kennedy hatte darauf bestanden, von seiner Frau begleitet zu werden.

Nach einem Jahr Ehe soll Jacqueline nach Aussage eines Freundes wie »die Überlebende eines Flugzeugabsturzes« ausgesehen haben. Sie selbst klagte über die »aggressive Unabhängigkeit« ihres Mannes. Jackie rächte sich für das viele Alleinsein und Betrogenwerden auf ihre Weise: Sie gab Unsummen für ihre Kleidung und für die verschiedenen Wohnungen des Paares aus. Sie habe die Wohnungen derart oft umgestaltet, dass er sich, so schrieb Kennedy, »wie ein Durchreisender« vorgekommen sei. Durch seine

Die Kennedys mit Tochter Caroline und Sohn John vor dem Eingang zum Weißen Haus.

Jacqueline Kennedy mit ihrem Sohn John.

## Jack und Jackie

Präsident Kennedy mit Frau und Kindern im August 1962 in Hyannis Port.

Ehe füllte Kennedy nun auch die Klatschspalten in den Zeitungen. Ein Journalist bemerkte damals, Kennedy sei der einzige Politiker, über den eine Frau etwas lese, während sie unter dem Haartrockner sitze.

Vor Jacquelines Lust am Umgestalten blieb auch das Weiße Haus nicht verschont, als sie im Januar 1961 dort einzog. Sie ließ es, immerhin beraten von Fachleuten, wieder im Stil des 18. Jahrhunderts herrichten, die geschmacklosen Möbel der Vorgänger ersetzen und das Haus unter Denkmalschutz stellen. Sie schrieb sogar für Besucher einen Führer durch den Amtssitz des Präsidenten und zeigte im Februar 1962 den Fernsehzuschauern das restaurierte Haus. Allein die Neugestaltung des Oval Office, des Arbeitszimmers des Präsidenten, kostete 50 000 Dollar, damals viel Geld. Auch die Gärten wurden neu angelegt. Der auf der Südseite des Weißen Hauses trägt noch heute den Namen von Jacqueline Kennedy. Sie stellte einen französischen Koch an, hob überhaupt die Küche auch bei den offiziellen Banketten auf höchstes Niveau und lud die berühmtesten Künstler zu Konzert- und Diskussionsabenden ein, keineswegs immer zur Freude des Präsidenten,

## Kennedy als Frauenbetörer

Die Kennedys bei einem Staatsbesuch 1962 in Mexiko. Jacqueline (links) trägt ein Kleid von Oleg Cassini. Die Frau des amerikanischen Präsidenten bestimmte in ihrer Zeit die Mode mit.

der sich bei solchen Gelegenheiten eher langweilte. All das verschlang derart viel Geld, dass die offiziellen Aufwandsentschädigungen wie auch Kennedys Präsidentengehalt nicht ausgereicht haben sollen. Kennedy bezahlte einen Teil der Kosten aus eigener Tasche. Einmal hielt Kennedy einem Mitglied des Kongresses, der zu einer Besprechung ins Weiße Haus gekommen war, eine Rechnung seiner Frau über 40 000 Dollar hin und fragte: »Was würden Sie machen, wenn Ihre Frau so etwas täte?«

1963 segelte Jackie auf einer Jacht des griechischen Reeders Aristoteles Onassis acht Wochen lang durch die Ägäis. Sie wurde dabei fotografiert, unter anderem wie sie sich auf Deck, nur mit Bikini bekleidet, sonnte. Als die Fotos in der Presse erschienen, soll Kennedy vor Wut geschäumt haben, wohl nicht wegen der Tatsache an sich, sondern weil so das Verhältnis seiner Frau in der Öffentlichkeit bekannt wurde.

Einige Jahre nach John F. Kennedys Tod heiratete Jacqueline Onassis. Bei den Amerikanern kam das nicht gut an. Ein Kommentator bezeichnete die Heirat als schwerste Beleidigung der amerikanischen Männer seit Pearl

## Jack und Jackie

Jacqueline und John F. Kennedy auf einem Fest, das der Stiefvater der neuen First Lady, Hugh Auchincloss, im Mai 1963 in Washington gab.

Harbor. Die Medien nannten sie fortan nur noch abwertend Jackie O. Sie aber meinte dazu: »Ich konnte nicht länger als Kennedy-Witwe leben. Es war ein Ausbruch von der beklemmenden Besessenheit, mit der die Amerikaner mich und meine Kinder in Anspruch nahmen.« Die Ehe mit Onassis ähnelte allerdings der mit Kennedy – und war vermutlich abermals durch ihr Vaterbild bestimmt. Onassis wurde schon kurz nach der Hochzeit häufiger mit der Opernsängerin Maria Callas gesehen als mit seiner Ehefrau. Er bemühte sich 1975 gerade um die Scheidung, als er plötzlich starb. Jacqueline Kennedy-Onassis ging danach eine dritte Beziehung ein, ohne noch einmal zu heiraten, und lebte in New York. 1995 starb sie, im Alter von 64 Jahren.

John F. Kennedy war 17 Jahre alt, als er seiner Wirkung auf Frauen gewahr wurde. »Ich kann nichts dafür, es kann nicht am Aussehen liegen, denn ich sehe nicht besser aus als andere. Es muss meine Persönlichkeit sein«, so schrieb er an einen seiner Jugendfreunde. Eine Journalistin bemerkte, Kennedy habe »nicht einen Finger krumm machen müssen, um Frauen auf sich aufmerksam zu machen«. Sie seien vielmehr massenhaft auf ihn geflogen. Eine seiner Freundinnen nannte ihn »triebhaft wie Mussolini«. Zweifellos

Jacqueline Kennedy bei einem Empfang im Weißen Haus vor einem Porträt von George Washington.

# Kennedy als Frauenbetörer      45

## Jack und Jackie

Jacqueline Kennedy passte vorzüglich in die Rolle der First Lady.

## Kennedy als Frauenbetörer

war Kennedy dabei von dem Verlangen bestimmt, sein Leben so intensiv wie möglich zu leben, schienen doch seine vielen Krankheiten und die endlosen Krankenhausaufenthalte auf ein frühes Ende zu deuten. In Briefen an seinen Jugendfreund ließ er es an Deutlichkeit nicht fehlen. Während eines Krankenhausaufenthaltes schrieb er: »Ich habe von einer wundervollen Blondine einen Einlauf bekommen. Das ist das Höchste, was Du an billigem Vergnügen haben kannst, mein Lieber.« Oder an denselben Adressaten: »B.D. besuchte mich im Krankenhaus, und ich machte es ihr in der Badewanne.« Er konnte zu Frauen sehr direkt sagen, er habe nur eine Viertelstunde für sie – sie gingen trotzdem mit ihm aufs Hotelzimmer.

Er wolle keine »erfahrene Reisende« heiraten, sagte er zu einem Freund aus Studententagen, eine Wendung, die er von seinem Lieblingsdichter Lord Byron hatte. Gemeint waren sexuell erfahrene Frauen. Jackie gehörte allerdings zu diesen sexuell erfahrenen Frauen, als er sie heiratete. »Erfahrene Reisende« bevorzugte Kennedy außerhalb seiner Ehe freilich sehr wohl – um sich mit langen Verführungen und Liebesspielen nicht aufhalten zu müssen, für die er weder Zeit noch Ausdauer hatte. Marlene Dietrich bemerkte, Jack sei der faszinierendste und attraktivste junge Mann, der ihr je begegnet sei. Die Diva und der angehende Politiker hatten sich 1938 an der französischen Riviera kennengelernt. Tagsüber ging Jack mit ihrer Tochter schwimmen, abends führte er die Dietrich zum Tanz aus.

Jacqueline Kennedy heiratete nach dem Tod ihres ersten Mannes den griechischen Reeder und Multimillionär Aristoteles Onassis.

## Jack und Jackie

Marilyn Monroe sang in einem Nichts von Kleid für John F. Kennedy zu dessen 45. Geburtstag im Madison Square Garden. Die Gerüchte über ein Verhältnis der Schauspielerin mit dem Präsidenten wollten nie verstummen.

Seine Beziehung zu Inga Arvad, die er 1941 kennenlernte, wurde im buchstäblichen Sinn aktenkundig: beim FBI. Inga Arvad stammte aus Dänemark, war auch einmal zur Miss Dänemark gekürt worden und schrieb gelegentlich als Journalistin – unter anderem für den *Times-Herald*, für den später auch Jacqueline arbeitete. Sie war drei Jahre älter als Jack und wurde von ihm Inga-Binga genannt. Sie stand in Amerika allerdings unter dem

## KENNEDY ALS FRAUENBETÖRER

Verdacht, eine Spionin zu sein, denn sie hatte viel übrig für das Deutschland der Nationalsozialisten. Sie war mit Rudolf Hess befreundet, kannte Heinrich Himmler, Joseph Goebbels und Hermann Göring. Sie hatte Adolf Hitler interviewt, der sie »ein vollkommenes Beispiel nordischer Schönheit« nannte. Johns Vater erhielt vom FBI eine Warnung wegen der Beziehung seines Sohnes, der zu dieser Zeit beim Militär war. Joe Kennedy veranlasste sogleich, dass Jack versetzt wurde, um die Karriere seines Sohnes zu retten. Aber Jack konnte nicht von Inga lassen, die damals in zweiter Ehe verheiratetet war, wenn auch von ihrem Mann getrennt lebend. Ihre Gespräche mit Jack im Hotel wurden abgehört. So erfuhr das FBI auch, dass Inga Arvad befürchtete, von John schwanger zu sein. Erst im März 1942 beendete er die intime Beziehung zu ihr. Inga willigte ein: »Wenn ich 18 wäre, würde ich kämpfen wie eine Tigerin für ihre Jungen, um dich zu bekommen und zu halten. Heute bin ich klüger.« Kurz darauf heiratete sie einen Schauspieler, blieb Kennedy aber noch drei Jahre lang freundschaftlich verbunden.

Kennedy wurden auch Beziehungen zu Jayne Mansfield, dem Sexsymbol der 1950er-Jahre, nachgesagt, sowie zu Schauspielerinnen wie Kim Novak oder Janet Leigh. Vor allem aber zu Marilyn Monroe, die auf der vorgezogenen Feier zum 45. Geburtstag des Präsidenten im Madison Square Garden in New York in einem mit Silberpailletten bestickten, hautengen und wie durchsichtig wirkenden Kleid auftrat und »Happy Birthday, Mr. President« mehr ins Mikrofon hauchte als sang. Es war ihr letzter öffentlicher Auftritt. Am 5. August 1962 kam sie durch eine Überdosis Tabletten ums Leben. Der Präsident kümmerte sich höchstpersönlich darum, den Gerüchten über ein Verhältnis zur Monroe, die er einmal im Scherz als »süßes und unverdorbenes Mädchen« bezeichnet hatte, in der Öffentlichkeit entgegenzutreten. Dabei hatte es jedoch viele Telefonate zwischen ihm und ihr aus dem Weißen Haus heraus gegeben, angeblich sogar schon seit 1954. Kennedy selbst bestimmte im Oval Office per Knopfdruck, was mitgeschnitten wurde und was nicht. Im überlieferten Material gibt es aber offensichtlich manipulierte Tonbänder. Vermutlich wurden sogar aufgezeichnete Gespräche aus den Bändern herausgeschnitten oder gelöscht. Es könnte durchaus wegen Marilyn Monroe oder vielleicht auch wegen Judith Campbell gewesen sein.

Die Bekanntschaft mit Judith Campbell Exner vermittelte der Sänger Frank Sinatra, ein guter Freund der Familie Kennedy. Peinlich war für Jack nur, dass die Campbell – »groß gewachsen, schlank, wunderschön« – auch

---

»Die Hauptsache für ihn war die Jagd. Ich glaube, er war insgeheim enttäuscht, wenn die Frau nachgab. Es bedeutete, dass sich seine geringe Meinung von Frauen wieder einmal bestätigte. Es bedeutete, er musste von Neuem mit der Jagd beginnen.«

DIE SCHRIFTSTELLERIN PRISCILLA MCMILLAN ÜBER KENNEDY IN EINEM INTERVIEW, 1985

## Jack und Jackie

Judith Campbell Exner, eine von Kennedys Geliebten.

Beziehungen zu einem Mann der Mafia unterhielt und so nicht nur zu einem Risiko für den Präsidenten wurde, sondern sogar für die nationale Sicherheit Amerikas. Noch einmal schritt das FBI im Juli 1963 bei Jacks Liebesleben ein, als ein Verhältnis Kennedys mit der 27 Jahre alten Prostituierten Ellen Rometsch bekannt wurde. Die Deutsche war in der sowjetisch besetzten Zone aufgewachsen und hatte dem kommunistischen Jugendverband angehört, bevor sie in den Westen floh, angeblich um endlich ihren Lebenshunger stillen zu können. Sie war mutmaßlich mehrere Male im Weißen Haus zu Gast. Es war die Rede von Poolpartys. Die Frau wurde schließlich aus den Vereinigten Staaten ausgewiesen und erhielt offenbar auf dem Rückflug nach Europa Schweigegeld. Zu regeln hatte das wie so oft Kennedys Bruder Robert, und er kümmerte sich darum zusammen mit dem FBI-Direktor J. Edgar Hoover, der dann zum Schutz des Präsidenten sagte, Ellen Rometsch habe mit mehreren Senatoren ein Verhältnis gehabt.

All das machte ihn aber nicht vorsichtiger. Er konnte nicht genug Frauen bekommen, auch wenn nicht klar ist, wie viele Affären es tatsächlich gewesen sein mögen. Stimmten alle Gerüchte, hätte Kennedy wohl kaum noch seinen Amtsgeschäften im Weißen Haus nachgehen können. Andererseits: 2010 verkaufte die Schwedin Gunilla von Post einen feurigen Liebesbrief von Kennedy für 115 000 Dollar. Anfang 1953 war sie nach einer durchtanzten Nacht an der französischen Riviera mit dem Senator im Bett gelandet. Sie war zu diesem Zeitpunkt 21 Jahre alt und blieb von Kennedy umworben, auch als er bald darauf heiratete. Als Präsident hatte Kennedy angeblich sogar ein Verhältnis mit der Pressesekretärin seiner Frau, mit zwei Sekretärinnen im Weißen Haus, die dort Fiddle und Faddle (etwa: Unfug und Quatsch) genannt wurden, und schließlich mit der ebenso schönen wie klugen, einflussreichen und kultivierten Mary Pinchot Meyer, mit der er bis zu seinem Tod liiert war und mit der er sogar Marihuana im Weißen Haus geraucht haben soll. Mary Meyer wurde ein knappes Jahr nach ihrem Geliebten in Washington auf offener Straße ermordet. Sie hatte über Jack gesagt: »Es ist fast unmöglich, ihm zu widerstehen.« Vermutlich war es die Mischung aus selbstbewusster Männlichkeit und lausbübischer Hilflosigkeit, die Frauen derart anzog. Obwohl in der Presse so ausführlich über Jack und Jackie berichtet wurde und Kennedy sich auch immer wieder den Fragen von Journalisten nach seinem Liebesleben ausgesetzt sah, konnte er sich darauf verlassen, dass wenig Intimes über ihn bekannt wurde. Offenbar ging er seine Eroberungen völlig unbekümmert an und dachte dann weder an sein Amt noch an die Sicherheitsleute oder die Presse.

## Kennedy als Frauenbetörer

John F. Kennedy mit dem Schauspieler und Sänger Frank Sinatra, einem guten Bekannten der Familie, der dem Präsidenten auch Judith Campbell vorgestellt hatte.

Sein Biograf Dallek nannte ihn einen »zwanghaften Weiberhelden« und meinte: »Kennedy, der sich seinen Drang nach Sex mit derart vielen Frauen selbst nicht erklären konnte, entschuldigte sein Verhalten wahrscheinlich als Abwechslung.« Kennedy suchte nicht nach Liebe. Er war allein auf Eroberung aus und hatte die Frau bereits fast vergessen, wenn sie sich nur anschickte, seinem Werben nachzugeben. Eine seiner Freundinnen bemerkte einmal: »Er gab mehr Licht als Wärme. Sex war für ihn etwas, das man hinter sich bringt, und nichts, was man mit Spaß tut. Es ging ihm nicht um körperliche Nähe.«

# Ewig Schmerzen
## KENNEDYS KRANKENGESCHICHTE

**Die strahlende Erscheinung, das ewige Lächeln John F. Kennedys und die Ausstrahlung von ungeheurer Energie – all das war nur Fassade. Dahinter verbarg sich ein kranker Mann, der fast zeitlebens unter zuweilen extremen Schmerzen litt und bis zu einem Dutzend Medikamente gleichzeitig einnehmen musste, einen Cocktail, bei dem die einen Mittel nur die Nebenwirkungen der anderen lindern sollten.**

> »Die Hauptschwierigkeit ist jetzt, dass der Patient nicht zunimmt und kräftiger wird, zugleich hat er weiterhin krampfartige Schmerzen.«
>
> AUS EINEM ARZTBERICHT DER MARINE, 1943

Immerhin scheint ihn sein Galgenhumor bei allem Leiden nie verlassen zu haben – und schon gar nicht der Glaube an sich selbst. Schon einem Jugendfreund gegenüber meinte er, man könne über ihn ein Buch schreiben mit dem Titel »John F. Kennedy – eine Krankengeschichte«. Dreimal in seinem Leben wurde ihm gar die Letzte Ölung verabreicht. Geradezu grotesk erscheint es, dass Kennedy wegen seiner vielen Krankheiten fest davon überzeugt war, früh zu sterben – und tatsächlich jung starb, wenn auch nicht durch Krankheit, sondern durch ein Attentat.

Die Rückenschmerzen hatte er schon als kleiner Junge, auch wenn seine Familie behauptete, sie seien erst nach einem schweren Sportunfall des Schülers beim Football aufgetreten. Der junge Kennedy litt an verschiedenen Allergien, an Asthma, extremer Müdigkeit und unerklärlichen Zusammenbrüchen, die ihn wochenlang ans Bett fesselten und nach denen er immer weiter abmagerte. Später wurde als Ursache dafür die Addisonsche Krankheit diagnostiziert, die man überhaupt erst seit 1949 kannte. Es handelt sich dabei um eine Unterfunktion der Nebennierenrinde. Dadurch wird der Körper nicht ausreichend mit bestimmten Hormonen versorgt, den Steroiden, unter denen Cholesterin wiederum das wichtigste ist. Schweißausbrüche, Schwindel, Erschöpfung sind die Folgen dieses Mangels, ebenso Magen-Darm-Krämpfe und Potenzprobleme. Zudem ist der Körper beinahe schutzlos Infektionen ausgeliefert. Kennedy litt an Durchfällen, wobei nicht so klar ist, ob sie von der Krankheit oder von deren Behandlung herrührten.

Schon während seiner Schul- und Studienzeit verbrachte er wegen seines oft erbärmlichen Zustandes viele Wochen im Krankenhaus. Im Januar 1935 schrieb er an einen Freund: »Gestern einen Blick auf meine Krankenakte geworfen, konnte sehen, dass sie nicht mehrweiter wissen und meine Sarggröße ausmessen.« Gegen die Addisonsche Krankheit wurde Kennedy schließlich Cortison verschrieben, das seit den 1930er-Jahren als eine Art Allheilmittel galt, vor allem als Hormonersatz. Kennedy wurde ein Cortisondepot unter der Haut implantiert. Außerdem musste er Cortisontabletten

Scheinbar bei bester Gesundheit: Kennedy während eines Urlaubs in Hyannis Port mit Zigarre. Solche Motive versuchte er sonst zu vermeiden.

einnehmen. Zwar erholte er sich dadurch, nahm auch sichtbar zu; allerdings ist eine Nebenwirkung von Cortison, dass der Körper aufgeschwemmt wird. Zudem greift Cortison die Knochensubstanz an. Dass Kennedy an Osteoporose litt und zum Beispiel seinen kleinen Sohn nur unter Schmerzen hochheben konnte, hatte vermutlich mit dem Cortison zu tun. Andererseits ermöglichte ihm das Mittel, ein halbwegs normales Leben zu führen. Neben Cortison bekam Kennedy Schmerzmittel, Testosteron, Amphetamine, Antidepressiva, Schlafmittel und Antibiotika. Vor öffentlichen Auftritten verabreichten ihm die Ärzte Kodein und Methadon, gegen die Rückenschmerzen wurde ihm Novokain, ein Lokalanästhetikum, gespritzt. So konnte er dann eine Zeit lang auf die Krücken verzichten.

Offenbar nahm er selbst seine Leiden eher lax und hielt sich auch bei den Medikamenten nicht immer an die Vorschriften, sodass sich die Beschwerden sogar noch verstärken konnten. Er litt schließlich auch an Prostatabeschwerden und Harnwegsinfektionen, vermutlich von einer früheren

# 54 Ewig Schmerzen

**Trotz seiner diversen Krankheiten hatte Kennedy oft Termine im Minutentakt: sein Kalender während der Kubakrise im Oktober 1962.**

Geschlechtskrankheit herrührend. Vor allem aber litt er an seinem instabilen Rücken, der ihn häufig zwang, an Krücken zu gehen. Davon gibt es noch aus seiner Zeit als Senator einige Fotos. Später gab es ein Verbot von Fotos, die Kennedy mit Krücken zeigten – und übrigens auch mit Brille. Wenn er sich strahlend als Präsident dem Publikum und den Kameras präsentierte, konnte es sein, dass er noch vor der Tür einem seiner Mitarbeiter die Gehstützen in die Hand gedrückt hatte. Er fand heraus, dass er in Schaukelstühlen einigermaßen schmerzfrei sitzen konnte. Deshalb gab es einen Schaukelstuhl im Weißen Haus und einen für Reisen, der auseinandergenommen werden konnte. Kennedy nahm dauernd heiße Bäder, welche die Schmerzen linderten, mitunter fünf am Tag. Mittags schwamm er im Swimmingpool des Weißen Hauses, auch das tat ihm gut. Er benutzte besonders

## KENNEDYS KRANKENGESCHICHTE

harte Spezialmatratzen und trug orthopädische Schuhe. Jackie schilderte nach seinem Tod, wie sie ihre Finger oft über die Narben auf seinem Rücken hatte gleiten lassen. Kennedy trug ein Korsett, auch an jenem Tag, als er in Dallas erschossen wurde. Nachdem ihn die erste Kugel getroffen hatte, blieb er durch das Korsett aufrecht sitzen. Der zweite Schuss traf ihn in den Kopf.

1944 war er zum ersten Mal am Rücken operiert worden, wobei »etwas anormal weiches Material zwischen den Bandscheiben entfernt« wurde, wie die Ärzte der Familie berichteten. Weil er unbedingt zum Militär wollte, verschwieg Kennedy seine Leiden bei der Musterung. Als es ihm aber Ende 1944 immer schlechter ging, suchte er um seine Entlassung nach. Die Ärzte taten ihm den Gefallen, seine Leiden offiziell auf einen Unfall während des Dienstes zurückzuführen, was womöglich wieder einmal dem Einfluss seines Vaters zu verdanken war.

Zehn Jahre später wurde Kennedy abermals am Rücken operiert. Den Ärzten schien der Eingriff zwar gefährlich, aber sie waren sich einig, dass Kennedy wegen seiner starken Bandscheibendegeneration ohne Operation bald schon völlig bewegungsunfähig sein würde. Mithilfe einer implantierten Metallplatte sollte die Lendenwirbelsäule stabilisiert werden und Lendenwirbelsäule und Kreuzbein verschweißt werden. Nach der Operation kam es zu einer Infektion. Nachdem Antibiotika bei Kennedy nicht anschlugen, fiel er ins Koma, der Priester kam für die Letzte Ölung. Die Genesung zog sich viele Wochen lang hin. Dieser Krankenhausaufenthalt war wohl die dunkelste Zeit in Jacks Leben. Zu dieser Zeit fiel im Senat die Entscheidung, McCarthy zu verurteilen. Kennedy blieb der Abstimmung mit Hinweis auf seinen Gesundheitszustand fern. Es war ihm, wie er später zugab, eine willkommene Gelegenheit, sich in dieser Sache zu drücken. Schon bald darauf musste die Metallplatte wieder entfernt werden. Das war im Februar, und abermals war sein Gesamtzustand derart bedenklich, dass der Priester kam. Erst im Mai konnte Kennedy in den Senat zurückkehren, aber die Schmerzen blieben. In der langen Zeit, die er für seine Erholung benötigt hatte, schrieb er an seinem Buch *Zivilcourage*.

Dass es um seine Gesundheit nicht gut bestellt war, ließ sich fortan nicht länger verheimlichen. Dank Kennedys faszinierender Ausstrahlung aber schaffte er es, dass sein Kampf gegen das Leiden von den Kollegen im Senat eher bewundert wurde als dass man ihm unterstellte, seinem Amt nicht gewachsen zu sein. Politisch umso gefährlicher war es, dass im Präsidentschaftswahlkampf von seinen innerparteilichen Gegnern, nicht zuletzt auch von seinem späteren Vizepräsidenten Lyndon B. Johnson, aber natür-

> **»Er nahm die übliche Dosis an Antispasmodika zur Kontrolle seiner Kolitis, Antibiotika gegen eine wieder aufgeflammte Harnwegs- und eine Nasennebenhöhlenentzündung und eine immer höher werdende Dosis an Hydrocortison, Testosteron und Salztabletten, um seine Addisonsche Krankheit unter Kontrolle zu halten und seine Spannkraft zu stärken. Nach den Tonbandaufzeichnungen zu urteilen, die während der Krise von den Gesprächen gemacht wurden, hatten die Medikamente keinerlei Auswirkungen auf das Denkvermögen, trotz der langen Arbeitstage, im Gegenteil.«**
>
> ROBERT DALLEK ÜBER DIE ZEIT DER KUBAKRISE 1962

# Ewig Schmerzen

> »Seine lange Abwesenheit aus Washington ließ sich nicht verheimlichen, und so blieb den Kennedys nichts anderes übrig, als die gesundheitlichen Probleme des Senators einzugestehen. Doch schien gerade dies seiner Beliebtheit mehr zu nutzen als zu schaden. Man hörte von den Qualen, die er durchmachen musste, und man empfand seinen Kampf mit der Krankheit als heroisch. Anders als die Familie gefürchtet hatte, sprach niemand davon, dass er zu schwach und möglicherweise ungeeignet sei für ein hohes Amt. Doch darauf konnten die Kennedys sich für die Zukunft nicht verlassen.«
>
> ROBERT DALLEK, DER ALS ERSTER WISSENSCHAFTLER KENNEDYS KRANKENAKTEN EINSEHEN DURFTE, IN SEINER BIOGRAFIE ÜBER DEN PRÄSIDENTEN

lich auch von den Republikanern verbreitet wurde, er leide an der Addisonschen Krankheit. Dagegen gingen Kennedy und seine Familie in aller Entschiedenheit vor. Sie wussten, dass es um alles ging. Sie schreckten dabei auch vor der glatten Lüge nicht zurück: John leide nicht an »Beschwerden, die man als klassische Addisonsche Krankheit bezeichnet«, ließen sie verlauten. Sein Gesundheitszustand sei ausgezeichnet. Als einmal im Wahlkampf der Medikamentenkoffer verloren ging, den einer von Kennedys Mitarbeitern stets bei sich trug, herrschte große Aufregung, die auch Jack selbst nervös machte. Der Koffer dürfe niemandem in die Hände fallen, sagte er. Der Koffer wurde dann zu Kennedys Glück rasch gefunden. Allen aus Kennedys engster Umgebung war klar: Würde das wahre Ausmaß von Kennedys Leiden öffentlich bekannt, hätte er keine Chance mehr gehabt, Präsident der Vereinigten Staaten zu werden. Kennedy selbst soll verraten haben: »Die Ärzte sagen, ich hätte eine Art schleichende Leukämie, aber sie sagen, ich werde wahrscheinlich bis 45 durchhalten.«

Der Historiker Dallek, der als erster Wissenschaftler Teile von Kennedys Krankenakte einsehen durfte, schrieb: »In den ersten sechs Monaten seiner Präsidentschaft kamen zu den beschriebenen chronischen Leiden noch Magen-Darm-Probleme, eine Irritation der Prostata, Fieberschübe, gelegentliche Dehydration, Abszesse, Schlaflosigkeit und ein erhöhter Cholesterinspiegel hinzu.« Dallek bemerkte auch, dass Kennedy kein Problem darin sah, all die Medikamente zu sich zu nehmen oder die vielen Spritzen zu erhalten. Er zitiert ihn mit den Worten: »Und wenn es Pferdepisse ist! Hauptsache, es hilft.« Kennedy wechselte auch häufig die Ärzte. Ein Biograf gelangte sogar zu der Ansicht: »In seiner lebenslangen Leidensgeschichte ist Kennedys Verhalten den Ärzten gegenüber nicht weniger promiskuitiv gewesen als sein Umgang mit Frauen.« Seine Freundin Judith Campbell hatte zum Beispiel den Kontakt mit dem in New York praktizierenden deutschstämmigen Max Jacobson vermittelt. Dieser verschrieb freigiebig Amphetamine, weshalb man ihn auch »Dr. Feelgood« nannte. Neben Kennedy zählte er auch Marlene Dietrich und Truman Capote zu seinen Patienten. Jacobson war im Gefolge des Präsidenten bei den Gesprächen in Wien mit Nikita Chruschtschow dabei. Bruder Robert hatte die Sorge, John könne süchtig werden von dem, was Jacobson ihm spritzte. Er ließ die Substanzen deswegen sogar im Labor untersuchen. Bis 1962 war »Dr. Feelgood« aber immer noch von Zeit zu Zeit in der Nähe des Präsidenten anzutreffen. Als es später in seiner Praxis zu einem Todesfall kam, büßte Jacobson jedoch seinen Nimbus ein und musste sich vor Gericht verantworten.

# KENNEDYS KRANKENGESCHICHTE 57

Kennedy hatte festgestellt, dass seine Rückenschmerzen erträglich wurden, wenn er im Schaukelstuhl saß. Deshalb gab es in seiner Umgebung mehrere, sogar einen zusammenlegbaren für Reisen.

Als Jahre nach seinem Tod bekannt wurde, wie es wirklich um Kennedys Gesundheitszustand bestellt war, warf 2002 die *New York Times* in einem Leitartikel die Frage auf, ob der Präsident – immerhin der Mann, der auch über die Atomwaffen gebot – tatsächlich zu jedem Zeitpunkt Herr der Lage gewesen war. Und ob er überhaupt eine zweite Amtszeit überstanden hätte. Allerdings schien seine Gesundheit in der Zeit seiner Präsidentschaft gefestigter als früher. Wer den Mann sah, 1,77 Meter groß, 78 Kilogramm schwer, »gebaut wie ein Mittelgewichtsboxer«, dazu sonnengebräunt und mit strahlend weißen Zähnen, musste meinen, ein Bild blühenden Lebens vor sich zu haben.

# *Camelot*
## Der Weg ins Weisse Haus

**John F. Kennedy erlebte 1956, dass eine Niederlage sich im Nachhinein als Sieg erweisen kann. Gegen den Willen seines Vaters wollte er als Vizepräsident nominiert werden – unter dem Präsidentschaftskandidaten Adlai Stevenson.**

Die Brüder John, Robert und Edward Kennedy 1960 in Hyannis Port.

Sein innerparteilicher Gegner war Senator Estes Kefauver aus Tennessee. Stevenson, der sich selbst nicht entscheiden konnte, wollte die Abstimmung über seinen Stellvertreter dem Parteikonvent der Demokraten in Chicago überlassen. Dort hatte Kennedy mehrere große Auftritte, so etwa als Sprecher für den Parteitagsfilm *Das Streben nach Glück*. In der entscheidenden Abstimmung verlor Kennedy dennoch, worauf er vor laufenden Fernsehkameras den Konvent aufforderte, Kefauver als Kandidat für die Vizepräsidentschaft zu nominieren. So geschah es. Stevenson und Kefauver verloren dann allerdings die Präsidentenwahl gegen Eisenhower und dessen Vize, gegen den wiederum Kennedy vier Jahre später antreten und siegen sollte: Richard Nixon. Kennedy frohlockte später einmal gegenüber seiner Mutter Rose: Wäre sein Bruder Joe noch am Leben gewesen, hätte er wohl die Vizepräsidentschaft gewonnen, »und dann wären er und Stevenson geschlagen worden, und heute wäre Joes politische Karriere ruiniert, und er wäre dabei, die Scherben aufzusammeln«. So wäre es auch ihm ergangen. Die Niederlage in Chicago wurde für Jack zum Glücksfall. Fortan kannte er nur noch ein Ziel: Präsidentschaftskandidat seiner Partei zu werden.

1958 verteidigte Kennedy zum zweiten Mal seinen Sitz im Senat, diesmal mit sensationellen fast 74 Prozent. Nie zuvor hatte ein Bewerber für ein politisches Amt in Massachusetts so hoch gewonnen. Seitdem betrieb Kennedy praktisch ununterbrochen Wahlkampf mit Blick auf das Weiße Haus, für den ihm sein Vater sogar ein Privatflugzeug kaufte. Am 2. Januar 1960 erklärte John F. Kennedy öffentlich, als Präsidentschaftskandidat antreten zu wollen. Es war ein geschickt gewählter Termin, denn einen Tag nach Neujahr war die Presse froh über eine solche Schlagzeile. Es gab allerdings große Zweifel an ihm, nicht zuletzt innerhalb seiner eigenen Partei. Er sei zu jung, zu sehr Playboy, zu sehr Spielball seines Vaters. Und es gab Gerüchte über seine Krankheiten, denen er mit einer klaren Lüge entgegentrat: Er habe die Addisonsche Krankheit nicht und sei völlig gesund. Zudem war Kennedy nie als Führer im Senat hervorgetreten. Sein Abstimmungsverhalten dort sei »ein wahres Kaufhaus, in dem fast jeder etwas finden kann, was ihm gefällt und was ihm nicht gefällt«, wie die Zeitschrift *Newsweek* 1958 schrieb.

> »Wir werden Jack wie Seifenpulver verkaufen!«
>
> Kennedys Vater 1946

John F. Kennedy im Präsidentschaftswahlkampf, April 1960.

Nachdem er die ersten Vorwahlen in den Bundesstaaten für sich entscheiden konnte, war klar: Kennedy war der Favorit auf dem Nominierungsparteitag in Los Angeles am 13. Juli 1960, wo er vor der Tagungshalle wie ein Popstar von Hunderten kreischender Mädchen empfangen wurde. Seinen innerparteilichen Gegner Hubert Humphrey hatte er besiegt. Humphrey sagte einmal, er sei sich vorgekommen wie ein Einzelhändler, der gegen eine nationale Kette antrete. Auf dem Parteitag bekam es Kennedy aber auf einmal mit einem politischen Schwergewicht zu tun, das seine Kandidatur erst wenige Tage zuvor erklärt hatte: Lyndon B. Johnson, Senator aus Texas und Mehrheitsführer im Senat, der vor allem die Südstaaten hinter sich hatte, wo man wiederum nicht viel von dem jungen Kennedy hielt.

Der Sieg Kennedys schon im ersten Wahlgang war dann aber doch deutlich. Norman Mailer verglich den Kandidaten mit einem Hollywoodstar: »Man sah ihn sofort. Er hat die tieforange Sonnenbräune eines Skilehrers, und als er die Menschenmenge anlächelte, waren seine Zähne erstaunlich weiß und aus der Entfernung von 50 Yards erkennbar.«

Vor 50 000 Anhängern hielt Kennedy eine seiner großen, von Sorensen mit großem Pathos verfassten Reden, in der er Bezug nahm auf das historische Erbe der Amerikaner. Auf die große Zeit der Siedler, die immer wieder

## DER WEG INS WEISSE HAUS

die Grenze nach Westen hin überschritten, spielt das Wort Frontier an. In Amerika schließt der Begriff aber viel mehr ein als einfach nur die deutsche Übersetzung Grenze oder Grenzland, und zwar das Selbstbewusstsein, auf sich gestellt und durch eigene Fähigkeiten überleben und erfolgreich sein zu können. Manchen Historikern gilt die dauernde Grenzüberschreitung – neben dem Puritanismus – als die wichtigste Stütze der amerikanischen Gesellschaft. Auf eben diese »Frontier«, anspielend sagte Kennedy: »Ich rufe jeden von euch dazu auf, ein Pionier der ›New Frontier‹ zu sein.«

Ehe sich der Parteitag von seiner Hingerissenheit erholen konnte, setzte Kennedy ein weiteres Zeichen. Er lud Johnson ein, als Vizepräsident anzutreten. Die Entscheidung war in Kennedys Wahlkampfmannschaft umstritten, das Angebot wurde sogar kurzzeitig zurückgezogen. Immerhin hatte Johnson über Kennedy gesagt, er sei »kein Mann für Männer«. Johnson nahm Jacks Angebot schließlich trotzdem an. Beide mochten sich zunächst nicht, waren auch völlig unterschiedlicher Natur, schlossen aber ein Geschäft auf Gegenseitigkeit ab, aus dem später gegenseitige Achtung, ja geradezu ein Einverständnis wurde. Der aus Texas stammende Johnson sicherte die Stimmen aus den Südstaaten. Zugleich wusste er, dass er nur über diesen Weg die Chance hatte, doch noch einmal Präsident zu werden. »Ich werde schon nicht im Amt sterben. Die Vizepräsidentschaft bedeutet nichts«, meinte Kennedy. Doch Johnson wurde schneller als gedacht Präsident. Er blieb bis 1969 im Amt und setzte, ganz im Sinne Kennedys und mit Unterstützung von dessen Leuten, umfassende Sozialreformen bei den Bürgerrechten, der Armutsbekämpfung, bei Bildung, Gesundheit und Umweltschutz durch.

Kennedys Gegenspieler war der nur vier Jahre ältere Richard Nixon, der im Wahlkampf jedoch viel älter wirkte. Davon abgesehen gab es überraschend viele Gemeinsamkeiten: Beide hatten im Krieg als Offiziere im Pazifik gedient. Beide saßen im Senat und hatten sich als Antikommunisten hervorgetan. Nixon war die vier Jahre zuvor zwar Vizepräsident gewesen, aber das hatte ihm politisch nicht viel genutzt. Bezeichnend dafür ist die scherzhafte Antwort von Präsident Eisenhower auf die Frage, welche Kabinettsentscheidung Nixon vorangetrieben habe: »Wenn Sie mir eine Woche Zeit lassen, fällt mir vielleicht eine ein.« Entscheidend für Kennedys Sieg über Nixon war aber wohl das Fernsehen. Vier Debatten der Kandidaten wurden übertragen, schon damals minutiös von den Wahlkampfstäben vorbereitet, obwohl das Medium noch so neu war. Nixon verlor im Grunde genommen die Wahl schon in der ersten Runde. Kennedy, sonnengebräunt,

> »Ich bin gegen Kommunismus, Faschismus, Nazismus und Sozialismus!«
>
> WAHLSLOGAN KENNEDYS 1946, ALS ER SICH UM EINEN SITZ IM REPRÄSENTANTENHAUS BEWARB

Auf dem Parteitag der Demokraten im Juli 1960 in Los Angeles wurde Kennedy gefeiert.

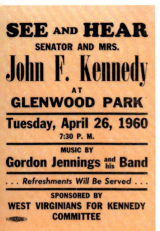

Plakat im Präsidentschaftswahlkampf 1960.

lächelnd und locker, wirkte konzentriert, souverän und angriffslustig. Er sprach auch häufiger die Fernsehzuschauer direkt an. Nixon, von einer Verletzung am Bein noch nicht ganz genesen, war so schlecht ausgeleuchtet, dass er wie unrasiert wirkte. Die Zuschauer sahen die Schweißtropfen auf seinem Make-up. Nixon hielt sich zurück, gab seinem Gegenkandidaten immer wieder Recht und machte überhaupt einen müden Eindruck. Bei den Fernsehzuschauern war der Sieger klar Kennedy. Schon beim Radiopublikum sah dies indes anders aus. Da hatten Nixons Argumente mehr überzeugt. Über den Fernsehauftritt sprach freilich ganz Amerika. »Superman kommt zum Supermarkt«, schrieb Norman Mailer.

Drei Themen bestimmten den Wahlkampf: die angebliche Raketenlücke, die Kennedy ausgemacht haben wollte, sein Katholizismus und die Durchsetzung der Bürgerrechte auch für die Schwarzen vor der Hintergrund der schweren Rassenunruhen in den Südstaaten. Von der sogenannten Raketenlücke, also der Tatsache, dass die USA zu wenig Interkontinentalraketen besaßen, hatte Senator Kennedy erstmals 1958 in einer aufsehenerregenden Rede gesprochen. Mit Blick auf Kuba, wo Fidel Castro sich immer weiter der Sowjetunion anschloss, betonte Kennedy die Gefahr, dass Amerika angegriffen werden könnte und darauf schlecht vorbereitet sei. Schon in seiner Rede auf dem Nominierungsparteitag hatte er die Frage aufgeworfen, ob Amerika »mit dem zielstrebigen Vordringen des kommunistischen Systems Schritt halten kann«. Die Vereinigten Staaten, so behauptete er nun im Wahlkampf, hätten ihren nuklearen Vorsprung eingebüßt.

Bei den Amerikanern kam das an, denn eine Mehrheit sah die Beziehungen ihres Landes zur Sowjetunion als größte Herausforderung der USA an. Nikita Chruschtschow, der sowjetische Führer, der dann zu Kennedys Gegenspieler werden sollte, hatte erklärt, die Sowjetunion werde Raketen wie Würste am Fließband produzieren. Amerikanische Wissenschaftler glaubten zudem, die Wirtschaft der Sowjetunion wachse schneller als die der USA. Der Kalte Krieg tobte. Ob es eine solche Raketenlücke wirklich gab, ist bis heute umstritten. Präsident Eisenhower jedenfalls glaubte nicht daran. Er fühlte sich durch Aufklärungsflüge mit den berühmten U-2-Spionagemaschinen bestätigt. Und er wollte an dem Thema nicht rühren, um Chruschtschow nicht herauszufordern, noch stärker in das sowjetische System der Interkontinentalraketen zu investieren und so das Wettrüsten weiter anzuheizen. Dass Eisenhower Kennedy nicht an seinem Wissen teilhaben ließ, hing wohl damit zusammen, dass er zu diesem Zeitpunkt noch nicht an einen Sieg des jungen Senators glaubte. Als Kennedy Präsident

## Der Weg ins Weisse Haus 63

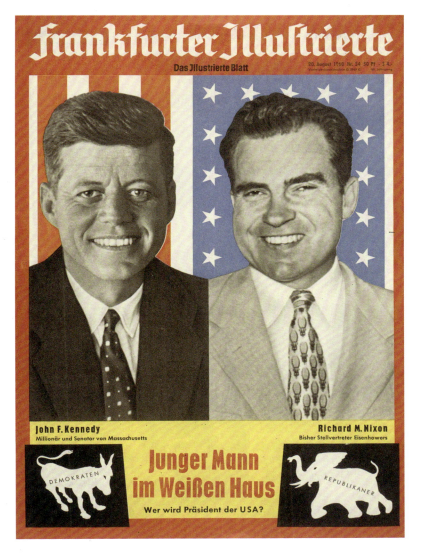

Im August 1960 stellte die *Frankfurter Illustrierte*, die bis 1962 erschien, die beiden amerikanischen Präsidentschaftskandidaten vor: Kennedy für die Demokraten, Richard Nixon für die Republikaner.

geworden war, holte Eisenhower das Versäumte nach. Und Jack stellte bald fest, »dass das tatsächliche Raketenpotenzial der Sowjetunion gerade 3,5 Prozent dessen betrug, was sie 1959 geschätzt hatten«.

Schon bei der Nominierung Kennedys für die Demokraten hatte sein Glaube eine große Rolle gespielt. So war es auch im Wahlkampf. Konnte ein Katholik überhaupt Präsident Amerikas werden? Katholiken waren und sind eine Minderheit in den Vereinigten Staaten. Angesichts des Misstrauens erklärte Kennedy sarkastisch: »Jetzt verstehe ich, warum Heinrich VIII. seine

# Wie der Amerikanische Präsident gewählt wird

Mit solchen Stickern wurde 1960 Wahlkampf für Kennedy gemacht.

Der Präsident der Vereinigten Staaten ist sowohl das Staatsoberhaupt als auch der Regierungschef sowie der Oberbefehlshaber der Streitkräfte. Er gilt deshalb als der mächtigste Mann der Welt. Seit 1788 ist die Dauer der Amtszeit auf vier Jahre beschränkt. Nur einmal darf der Amtsinhaber wiedergewählt werden – es sei denn, er übernahm das Amt mitten in einer Wahlperiode.

Seit 1845 ist der Wahltag auf den Dienstag nach dem ersten Montag im November festgelegt. Zugleich wird jeweils ein Drittel des Senats und des Repräsentantenhauses gewählt. Das Wahlergebnis wird Anfang Januar durch den Kongress nach dessen erstem Zusammentreten offiziell festgestellt. Die Amtszeit des Präsidenten beginnt mit dem Tag der Amtseinführung, der immer auf den dem Wahltermin folgenden 20. Januar fällt. Der Präsident wird nicht vom Volk direkt gewählt, sondern von den Wahlmännern, den sogenannten Elektoren. Der Wähler entscheidet sich für ein »Ticket«, auf dem jedem Kandidaten für das Weiße Haus seine Wahlmänner aus dem jeweiligen Bundesstaat des Wählers zugeordnet sind.

Das Wahlmännergremium hat 538 Mitglieder. Die Zahl entspricht der Zahl der Abgeordneten im Repräsentantenhaus plus der beiden Senatoren aus jedem Bundesstaat. Zusätzlich erhält auch die Bundeshauptstadt Washington D.C., die sonst bei Wahlen auf Bundesebene nicht berücksichtigt wird, drei Wahlmänner. Die Wahlmänner treffen sich 41 Tage nach der Wahl in der Hauptstadt ihres Bundesstaates und stimmen über den zukünftigen Präsidenten und Vizepräsidenten in getrennten Wahlgängen ab – alle Wahlmänner kommen also nie an einem Ort zusammen. Die Stimmzettel dieser Wahl werden versiegelt und dem amtierenden Vizepräsidenten in seiner Funktion als Vorsitzender des Senats übergeben.

Als Präsident ist gewählt, wer die absolute Mehrheit der Wahlmännerstimmen erhält. Das sind derzeit mindestens 270. Die Wahlmänner sind angehalten – in etwa der Hälfte der Staaten sogar dazu verpflichtet –, ihre Stimme demjenigen Kandidaten zu geben, von dessen Partei sie gestellt wurden. Aber es kommt immer wieder vor, dass einzelne Wahlmänner anders abstimmen. Allerdings hat ein solch »untreuer« Wahlmann noch nie dazu geführt, dass der andere Kandidat gewählt wurde. Durch das Wahlsystem kann es vorkommen, dass ein Kandidat zwar weniger Wählerstimmen erhält, aber mit der Mehrheit der Wahlmännerstimmen trotzdem gewählt wird.

## DER WEG INS WEISSE HAUS

eigene Kirche gegründet hat.« In seiner Wahlkampfmannschaft war der Einfall umstritten, Jack vor protestantischen Geistlichen auftreten zu lassen. Jacks jüngerer Bruder Bobby, der unentbehrliche Helfer, sagte: »Die sind allesamt Republikaner, und sie wollen dich vorführen.«

Das Gespräch fand dann am 12. September 1960 in Houston statt. Und wieder einmal hatte Sorensen genau die richtigen Worte für Kennedy gefunden: »Ich bin nicht der katholische Kandidat für das Präsidentenamt, sondern ich bin der Kandidat der Demokratischen Partei, der zufällig auch Katholik ist.« Er setzte hinzu, sollte es jemals dazu kommen, dass er sich entweder gegen sein Gewissen oder gegen die Interessen des Landes entscheiden müsste, würde er sein Amt niederlegen. Kennedys Charme entfaltete wieder einmal eine derartige Wirkung, dass nach der Begegnung über ihn gesagt wurde: »Mein Gott, seht ihn euch an! Und hört ihm zu! Er wickelt sie um den Finger. Dieser junge Kerl wird ein großer Präsident!«

Was schließlich die Debatte über die Bürgerrechte für die Schwarzen anbelangte, so spielte ein Zufall dem Wahlkämpfer in die Hände. Im Oktober 1960 wurde der afroamerikanische Geistliche Martin Luther King wieder einmal verhaftet, der Mann, der an der Spitze des gewaltfreien Widerstands gegen den Rassismus stand. Verhaftet worden war er in Atlanta bei einem Sitzstreik in einem nur Weißen vorbehaltenen Restaurant. Der Richter verurteilte King zu vier Monaten Schwerstarbeit im Zuchthaus, weil er ihm vorwarf, zuvor schon ohne gültigen Führerschein Auto gefahren und damit gegen die Bewährungsauflagen verstoßen zu haben.

Der die gesamte amerikanische Gesellschaft durchziehende und spaltende Rassismus war in den Südstaaten noch allgegenwärtig. Nixon schwieg zu diesem Fall, schließlich waren die Weißen in den Südstaaten eine beträchtliche Wählergruppe, die er auf keinen Fall verärgern wollte. Kennedy aber rief Corette Scott King, die Frau des Predigers, an und versprach ihr, sich für die Entlassung ihres Mannes einzusetzen. Auch hier war seine Wahlkampfmannschaft geteilter Meinung, ob das die richtige Entscheidung sei. Kings Vater, eigentlich ein bekennender Wähler der Republikaner, erzählte nun aber überall von Kennedys Anruf und machte so Stimmung für den jungen Kandidaten, was Kennedy gegenüber seinen Leuten so kommentierte: »Man stelle sich vor, dass King einen solchen bigotten Vater hat. Nun ja, wir haben wohl alle unsere Väter, nicht?«

Jahrzehnte später erst wurde bekannt, dass Bruder Robert sich direkt beim Richter für die Entlassung Kings eingesetzt hatte, was auch einen Tag später gegen Kaution geschah. Kennedys Vater nutzte die Chance und ließ

> »Unter seinem vorsichtigen Pragmatismus lagen zunehmend tiefe Überzeugungen über grundlegende Ziele und eine ungewöhnliche Entschlossenheit, diese zu erreichen. ›Wenn man sich erst einmal entschlossen hat, mit dem zweiten Platz zufrieden zu sein‹, sagte er 1960 in Bezug auf die Vizepräsidentschaft, ›dann wird genau das passieren.‹ Jack Kennedy gab sich nie mit dem zweiten Platz zufrieden, wenn der erste erreichbar war.«

THEODORE SORENSEN
IN SEINEM BUCH
»KENNEDY«

## Camelot

Die Präsidentschaftswahlen gingen denkbar knapp für Kennedy aus. Am 14. November 1960 traf er sich mit dem unterlegenen Nixon.

ein Flugblatt verbreiten, auf dem die freundlichen Aussagen prominenter Schwarzer über Kennedys Anruf bei Kings Frau gesammelt waren. Zwei Millionen Exemplare wurden sonntags in den Kirchen der Schwarzen verteilt. Weil das Flugblatt auf blauem Papier gedruckt wurde, hieß es bei Kennedys Leuten nur die »blaue Bombe«. Und die Bombe tat ihre Wirkung.

Kennedys Wahlkampf war teuer und modern. Nichts wurde dem Zufall überlassen. Frank Sinatra sang für ihn das Lied »High Hopes« (Große Hoffnung), das auf Schallplatte weithin verbreitet wurde. »Jeder wählt Jack, der hat, was allen anderen fehlt«, hieß es darin. Und am Schluss: »Jack ist der Liebling der Nation.« Auf Flugblättern wurde er als »A leader like Roosevelt« gefeiert, als ein Führer wie der hoch geachtete Präsident Franklin D.

## Der Weg ins Weisse Haus

Kennedy mit seinem Finanzminister Douglas Dillon, einem Republikaner.

Roosevelt. Fotos und Filmaufnahmen, die Jack zusammen mit Jackie und den beiden Kindern zeigten, sollten durch ihre private Natur eine Nähe vermitteln, wie es sie bis dahin noch nie in einem Kandidaten für ein so hohes Amt gegeben hatte.

Der Wahlkampf bewegte dann auch die Amerikaner. 70 Millionen von ihnen, so viele wie noch nie, beteiligten sich an der Präsidentschaftswahl am 8. November 1960. Kennedys Chancen waren vor allem durch die Fernsehauftritte derart gestiegen, dass viele ihn schon als Präsidenten sahen. Der Wahlsieg war dann aber doch denkbar knapp und stand auch erst am nächsten Morgen fest. Zusammen mit seinem Vizekandidaten Lyndon B. Johnson vereinte Kennedy lediglich 0,1 Prozent der Wählerschaft mehr hinter sich als Richard Nixon und dessen Vizekandidat Henry Cabot Lodge, Kennedys einstiger Gegner im Senatswahlkampf. Nixon gewann in mehr Bundesstaaten, aber Kennedy siegte in den bevölkerungsreichsten Staaten, vor allem in Illinois und dort ausgerechnet in den von der Mafia bestimmten Bezirken Chicagos. Nie verstummten die Gerüchte, Kennedy habe zeitlebens Kontakte zu Mitgliedern der Mafia gehabt.

John F. Kennedy wurde der 35. Präsident der Vereinigten Staaten, mit 43 Jahren der jüngste gewählte Präsident und der erste Katholik im Amt. Er war

## Camelot

John F. Kennedy kurz vor seiner Vereidigung zum 35. Präsidenten der USA mit seinem Vorgänger Dwigth D. Eisenhower in Washington.

auch der erste Präsident, der wie ein Popstar gefeiert wurde, was vor allem damit zusammenhing, dass er im Fernsehen, dem neuen Massenmedium, eine so gute Figur machte. Die Frauen hatten ihn gewählt, ebenso die Jugend, aber auch eine große Mehrheit der Katholiken und der Juden. Bei den Protestanten jedoch musste Kennedy gegenüber seinen Vorgängern deutliche Einbußen hinnehmen. Eine Besonderheit seines Wahlkampfes war es gewesen, keine Versprechungen gemacht zu haben. In seiner Antrittsrede fiel vielmehr der berühmte, bis heute gern zitierte Satz, der natürlich wieder von Sorensen stammte: »Frage nicht, was dein Land für dich tun kann – frage, was du für dein Land tun kannst.«

Vereidigt wurde Kennedy in Washington am 20. Januar 1961. Es war ein sonniger, aber kalter Tag. Trotz des Neuschnees verzichtete Kennedy auf seinen Mantel. Nach der Amtseinführung konnte er endlich vom Kapitol am östlichen Ende der Pennsylvania Avenue an deren westliches Ende ziehen, wo das Weiße Haus steht. Sein Vater kommentierte: »Er ist überhaupt nicht wie ich. Ich hätte es nie schaffen können.«

Sohn Jack war in seinem Leben durch viele Krisen gegangen. Er hatte es als »langen Kampf im Zwielicht« empfunden, als eine Abfolge von Krisen. Er hatte daraus auch für sich abgeleitet: »Aus großen Krisen erstehen große Männer und große, mutige Taten.« Auch in seiner Zeit als Präsident folgte Krise auf Krise, als sollte ausgerechnet der Mann, der nur eine kurze Zeit lang dieses wichtige Amt innehaben durfte, in dieser Zeit auch herausge-

## Der Weg ins Weisse Haus

Kennedy wurde am 20. Januar 1961 in sein Amt eingeführt.

fordert werden wie keiner seiner Vorgänger und Nachfolger. Aber das passte dann auch wieder zu diesem strahlenden Mann. Er sah sich »in der Rolle als Verteidiger der Freiheit in der Stunde der höchsten Gefahr«. Aber, so setzte er hinzu, »ich schrecke vor dieser Aufgabe nicht zurück – ich begrüße sie«. Das vor allem hat ihn wohl ausgemacht: dass er in schwierigen Situationen – sei es in der Politik, sei es im Privaten – zur Hochform auflief, konzentriert und zupackend, hellwach und entschlossen, dabei witzig und lebenslustig. Sein Leben blieb zwar überschattet von vielen Krankheiten, auch von Momenten der Niedergeschlagenheit. Depressionen aber, den Zweifel an sich selbst, kannte er nicht. Trotz all seiner Widersprüche empfand ihn doch jeder, der ihn traf, jedenfalls in seiner Zeit als Präsident, als starke Persönlichkeit, als einen, der, wie er selbst sagte, »Amerika wieder in Bewegung setzen« konnte. Er galt gleichsam als die Verkörperung von Jugend, Zukunft und Fortschritt.

Kennedy wurde einer der großen Helden der politischen Bewegung in den wilden 1960er-Jahre. Und es wäre ihm vermutlich ungemütlich geworden, wenn er die Namen der anderen gehört hätte: Che Guevara, Ho Chi Minh, Mao Tse-tung, vielleicht auch Rudi Dutschke. Denn Kennedy war eigentlich ein konservativer Politiker. Von hochfliegenden, revolutionären Plänen hielt er nichts. In seinen Augen Bewährtes beließ er – am Ende sogar Allan Dulles als Leiter der CIA und J. Edgar Hoover als Leiter der des FBI. Letzterer war da schon seit mehr als drei Jahrzehnten in dieser Position. Der

> »Jede Nation, ob sie uns gut oder böse will, soll wissen, dass wir jeden Preis bezahlen, jede Last tragen, jedes Opfer erdulden und jeden Freund unterstützen und uns jedem Feind widersetzen werden, um den Fortbestand und den Erfolg der Freiheit zu sichern.«
>
> **Präsident Kennedy in seiner Rede zur Amtseinführung am 20. Januar 1961**

# DAS WEISSE HAUS

Das Weiße Haus in Washington, Amtssitz und Wohnung des amerikanischen Präsidenten, bekam seinen Namen 1901 von Präsident Theodore Roosevelt (1858–1919) wegen seines weißen Außenanstrichs. Die Lage wurde von Präsident George Washington (1732–1799) und dem Stadtplaner Pierre L'Enfant (1755–1827) ausgesucht. Architekt war der irische Baumeister James Hoban (1762–1831), der sich das Leinster House in Dublin, heute Sitz des irischen Parlaments, zum Vorbild nahm.

Die Grundsteinlegung war am 13. Oktober 1792. Das Datum gilt zugleich als Gründungstag der neuen Hauptstadt, denn das Weiße Haus war das erste Gebäude in der neuen Stadt. Der zweite Präsident John Adams (1753–1826) bezog es als Erster am 1. November 1800.

Bis auf Washington selbst haben alle Präsidenten hier gewohnt. 1814 wurde es von britischen Truppen im Britisch-Amerikanischen Krieg niedergebrannt. Der Wiederaufbau im klassizistischen Stil begann 1819 und wurde abermals von James Hoban geleitet.

1901 ließ Roosevelt das Gebäude sanieren. Damals entstand auch der Anbau des Westflügels mit Bürotrakt. Das präsidiale Arbeitszimmer, das Oval Office, entstand 1909 auf Initiative von Howard Taft (1857–1930). Von 1949 bis 1952 ließ Präsident Truman das Weiße Haus großflächig erneuern. Während dieser Zeit befand sich der Arbeitssitz der Regierung im Blair House. Am 27. März 1952 wurde der Arbeitssitz in das frisch renovierte Weiße Haus zurückverlegt. Jacqueline Kennedy (1929–1994) machte einige der Truman-Änderungen wieder rückgängig.

Die oft auf Fotos abgebildete weiße Villa stellt nur den mittleren Teil des Gebäudekomplexes dar. Zu ihm gehören außer dem Haupthaus zwei Nebengebäude, der Ost- und der Westflügel sowie die sie verbindenden Galerien und das Eisenhower Executive Office Building. Das Weiße Haus wurde zum größten Teil aus Obernkirchener Sandstein – Oberkirchen liegt in Niedersachsen – und Marmor von der kroatischen Insel Bra gebaut. Seit dem Wiederaufbau wird der Sandstein weiß übermalt. Das Anwesen verfügt über 132 Räume, 35 Badezimmer, acht Treppenhäuser, drei Aufzüge, einen Swimmingpool, einen Tennisplatz, einen Kinosaal sowie eine unter Präsident Richard Nixon (1913–1994) eingerichtete Bowlingbahn.

Ein Bild des Weißen Hauses ist auf der Rückseite der amerikanischen 20-Dollar-Note zu sehen. Das Weiße Haus liegt an der Pennsylvania Avenue und hat die Hausnummer 1600.

## DER WEG INS WEISSE HAUS

Die Familie Kennedy im Weißen Haus nach der Amtseinführung von John F.

konservative britische Premierminister Harold Macmillan sagte über Kennedy: »Dieser junge Mann hat viel vom 18. Jahrhundert an sich.« Welche persönliche Meinung Kennedy auch immer zu den Themen gehabt haben mochte, die ihn im Weißen Haus beschäftigten oder beschäftigen mussten, er bewahrte in seiner Politik stets den rationalen Blick auf das, was auch wirklich durchsetzbar war. So erklärt sich beispielsweise auch seine auf den ersten Blick widersprüchliche Haltung in der Bürgerrechtsfrage und der Problematik der Rassentrennung.

Der Rationalist Kennedy, der an die Vernunft des Menschen glaubte, war der erste Präsident, der sich mit Wissenschaftlern und Akademikern als Politikberatern umgab, zum Beispiel den Historikern Arthur Schlesinger und Henry Kissinger. Sein wichtigster Vertrauter aber war Bruder Robert, der Justizminister wurde. Später wurden die Gesetze in den USA so geändert, dass eine solche verwandtschaftliche Nähe heute nicht mehr möglich wäre. Sorensen war Kennedys engster Mitarbeiter im Weißen Haus. Hinzu kam sein Nationaler Sicherheitsberater McGeorge Bundy, der zunächst den

John F. Kennedy mit seinem Bruder Robert, der Justizminister und engster Berater des Präsidenten wurde. Auch Robert starb bei einem Attentat.

> »Liebe Mutter, wenn Du vorhast, Dich mit Staatsoberhäuptern in Verbindung zu setzen, dann wäre es vielleicht eine gute Idee, mich oder das Außenministerium vorher zu fragen, denn Deine Geste könnte zu internationalen Verwicklungen führen. Herzlichst, Jack.«
>
> BRIEFWECHSEL ZWISCHEN ROSE UND JOHN F. KENNEDY, 1961 ...

Vietnamkrieg unterstützte, dann aber seine Entscheidungen bereute und später die Ford Stiftung leitete. Verteidigungsminister war Robert McNamara, der danach von 1968 bis 1981 der Weltbank vorstand. Außenminister wurde Dean Rusk, der bis 1969 im Amt blieb und damit als einer der am längsten amtierenden Außenminister in der Geschichte Amerikas gilt. Rusk gehörte zu den Befürwortern eines militärischen Zurückdrängens des Kommunismus, des sogenannten »Roll Back«, weshalb er auch immer wieder für das militärische Engagement der USA in Vietnam eintrat. Kennedy holte auch einige Republikaner in sein Kabinett. So Clarence Douglas Dillon als Finanzminister, der Kennedys wirtschaftspolitische Vorstellungen maßgeblich geprägt hat und seine Hauptaufgabe vor allem darin sah, das Haushaltsdefizit auszugleichen und Steuererleichterungen durchzusetzen. Über ihn heißt es, er habe weitreichende liberale Lösungen innenpolitischer Probleme verhindert mit dem Blick auf die damit verbundenen Kosten.

Die geistige und künstlerische Elite des Landes war bei der Amtseinführung Kennedys dabei und bestimmte die Bälle und Dinner, die der Amtseinführung folgten. Das Weiße Haus erschien auf einmal als reale Version des sagenumwobenen Camelot, des Sitzes von König Artus Tafelrunde, der Burg der Gralsritter. Das Weiße Haus wurde aber auch zum lebendigen Familiensitz. Erst nach dem Tod Kennedys wurde bekannt, dass die fröhlichen Fotos, die ihn und seine Kinder beim Herumtoben zeigen oder wie Sohn John es sich unter dem Schreibtisch des Vaters bequem macht, für den

Kennedy mit seinen Kindern Caroline und John im Oval Office, dem Amtszimmer des Präsidenten im Weißen Haus. Das Foto entstand im November 1961.

Fotografen gestellt waren. Millionen Amerikaner nahmen daran Anteil, als einmal das Pferd von Tochter Caroline die Kabinettssitzung unterbrach, denn es hatte überall im Weißen Haus freien Zutritt. Der Präsident sagte einmal, als es um das für die Welt so wichtige Teststoppabkommen für überirdische Atomversuche mit der Sowjetunion ging, die Post an das Weiße Haus beweise, dass die Amerikaner ein größeres Interessen an Carolines Pferd hätten als an dem Abkommen.

»Camelot war das Opium der Intellektuellen«, meinte der bekannte Publizist Gary Wills. Kennedys Charme, verstärkt durch die Ausstrahlung seiner Frau, konnten sich nur wenige entziehen, so widersprüchlich alles an dem Mann bei näherem Hinsehen auch sein mochte. Bei einem Empfang für 49 Nobelpreisträger im Weißen Haus im April 1962 sagte Kennedy in seiner Rede: »Ich glaube, das ist die außergewöhnlichste Versammlung von Talent und Wissen, die jemals im Weißen Haus zusammengekommen ist – vielleicht den Abend ausgenommen, an dem Thomas Jefferson hier allein zu Abend gegessen hat.« Insbesondere bei den im Fernsehen direkt übertragenen Pressekonferenzen, die er selbst »Comedy Hour« nannte, konnte der neue Präsident zur Hochform auflaufen und jede Situation schlagfertig und mit bissigem Witz meistern. 64 solcher Pressekonferenzen hat er abgehalten. Alles schien perfekt, und war doch nur Inszenierung, und Kennedy ein bemerkenswerter Schauspieler. Der sowjetische Parteiführer Chruschtschow war dann wohl der Erste, an dem Kennedys Charme einfach abprallte.

»Lieber Jack, es freut mich, dass Du mich im Hinblick auf die Kontaktaufnahme mit Staatsoberhäuptern warnst, denn ich wollte gerade an Castro schreiben.«

... NACHDEM ROSE EINEN BRIEF AN CHRUSCHTSCHOW GESCHRIEBEN HATTE, ER MÖGE BEILIEGENDE FOTOS VOM GIPFELTREFFEN IN WIEN SIGNIEREN

# Dreizehn Tage
## Das Desaster in der Schweinebucht und die Kubakrise

Als Fidel Castro und eine Gruppe von Mitstreitern 1958 Fulgencio Batista, den in Kuba seit 1952 nach einem Militärputsch mit amerikanischer Hilfe diktatorisch regierenden Staatspräsidenten, aus dem Amt gejagt hatten und in dem Karibikstaat die Macht übernahmen, stieß das in Amerika durchaus auf Wohlwollen.

Fidel Castro im Jahr 1961.

Castro spricht am 16. April 1961 zu seinen Anhängern kurz vor der Invasion von Exilkubanern in der Schweinebucht, die kläglich endete und Castros Macht festigte.

Auch bei Senator Kennedy, der die Insel Kuba freilich nur von zwei Ferienaufenthalten her kannte. Zu korrupt und grausam war Batistas Herrschaft gewesen. Castro selbst bewunderte die Vereinigten Staaten zunächst, und so galt sein erster Staatsbesuch 1959 dann auch dem großen Nachbarn. Später wurden die Beziehungen schwieriger, woran nicht zuletzt auch die CIA ihren Anteil hatte, die immer wieder, wenn auch immer wieder vergeblich versuchte, Castro aus dem Weg zu schaffen. Präsident Eisenhower brach die diplomatischen Beziehungen zu Kuba ab und verhängte ein Handelsembargo. 1962 setzten die USA außerdem durch, dass Kuba aus der Organisation Amerikanischer Staaten (OAS) ausgeschlossen wurde. In gewisser Weise trieb all das Castro erst recht politisch auf die andere Seite, in den Ostblock. Aber erst nach einem persönlichen Treffen mit Chruschtschow bei den Vereinten Nationen 1960 in New York baute Castro seine Vorbehalte gegenüber der Sowjetunion ab. Er suchte und er brauchte neue Freunde. Die Sowjetunion schließlich garantierte den Fortbestand von Castros Regime, politisch, militärisch wie wirtschaftlich. Über Kennedy und seinen Nachfolger sagte Castro später: »Johnson ist ein mittelmäßiger Bandit, während Kennedy ein intelligenter Bandit war.«

Die USA erkannten erst spät, welche Gefahr ihnen dadurch entstanden war, einen Verbündeten der Sowjetunion unmittelbar vor der Haustür zu haben. Noch dazu war er eine unberechenbare Kraft, die immer wieder versuchte, das kubanische Revolutionsmodell auch auf andere Staaten Lateinamerikas zu übertragen. In Amerika gewannen die Exilkubaner, die vor allem in Florida lebten und einen Angriff auf den ungleich schwächeren Karibikstaat forderten, folgerichtig an Einfluss in der Politik.

Kennedy war gerade erst als Präsident vereidigt worden, da drängte ihn die CIA auch schon zum Handeln gegen Kuba. Auch ihm war Castros Regime längst ein Dorn im Auge. Ende Februar 1961 ordnete er zunächst eine Überarbeitung der Invasionspläne an, die noch aus der Eisenhower-Zeit

*Von den Kubanern abgeschossenes amerikanisches Flugzeug, April 1961.*

stammten. Er selbst zweifelte an einem Erfolg, sah sich aber einer starken Gruppe von Befürwortern gegenüber, nicht zuletzt der Führung von Geheimdienst und Militär.

Kennedy forderte, dass ein Angriff auf Kuba so aussehen müsse, als hätten die Vereinigten Staaten damit nichts zu tun. Er wollte den Eindruck vermeiden, seine erste außenpolitische Amtshandlung sei es, eine lateinamerikanische Regierung zu stürzen, nur weil sie ihm nicht passte. Den Exilkubanern, die mit amerikanischer Unterstützung in Guatemala mittlerweile Kämpfer ausgebildet hatten, machte er klar, dass die amerikanischen Streitkräfte nicht eingreifen würden, was immer auch geschehe. Aber das glaubte niemand. Kennedy zögerte immer wieder damit, seine Zustimmung zu der militärischen Aktion zu geben. Zu unterschiedlich waren die Lageeinschätzungen seiner Berater und der Militärs. Andererseits wuchs auch der Druck auf ihn, das Problem Kuba aus der Welt zu schaffen. Schon spekulierten die amerikanischen Medien über einen bevorstehenden Angriff auf Kuba. So konnte auch Castro die Gefahr, in der seine Regime schwebte, nicht verborgen bleiben. Als Kennedy schließlich den Befehl gab, soll er das in ein drastisches Bild gekleidet haben: »Jeder hält sich jetzt die Eier, das weiß ich.«

Der Angriff begann in der Nacht vom 16. auf den 17. April 1961. Zwei Tage zuvor hatten acht getarnte amerikanische Bomber die kubanische Luft-

## Das Desaster in der Schweinebucht und die Kubakrise

waffe angegriffen. Aber nur fünf der 36 altersschwachen kubanischen Kampfflugzeuge waren dabei zerstört worden. Ein weiteres Eingreifen der amerikanischen Luftwaffe verbot Kennedy, der immer noch meinte, in der Öffentlichkeit den Eindruck vermitteln zu können, Amerika habe mit der kubanischen Angelegenheit nichts zu tun. Aber auch das glaubte ihm niemand.

So begann ein »Scheitern auf ganzer Linie«, wie die Invasion in der Bahia de Cochinos, der Schweinebucht, später bezeichnet wurde. Die 1400 Invasoren der »Brigade 2506« kamen auf vier Schiffen von Nicaragua herüber. Sie waren schon bei der Landung in der Schweinebucht, etwa 150 Kilometer südlich von Havanna, den Angriffen der kubanischen Luftwaffe beinahe schutzlos ausgeliefert. Zwei Schiffe, eines davon Hauptversorgungsschiff, wurden dabei versenkt. Auch kam es nicht zu den erhofften Aufständen im Land selbst. Castro hatte Hunderte Regimegegner im Land verhaften lassen. Schon am 18. April zeichnete sich das Scheitern der Aktion ab. Die Aufständischen landeten orientierungslos in den Zapatra-Sümpfen, von denen die Schweinebucht umgeben ist und die von der CIA in den Planungen einfach übersehen worden waren. Es kamen noch ganz andere unglaubliche Fehler hinzu. So war der Zeitunterschied von einer Stunde zwischen Kuba und Nicaragua nicht bedacht worden. Castros Truppen hatten die Angreifer jedenfalls bald eingekesselt. Etwa 100 starben bei den Gefechten. Mehr als 1000 Kämpfer gaben auf, gerieten in Gefangenschaft und mussten von Amerika später mit Lebensmitteltransporten, Traktoren und Medikamenten freigekauft werden. Die Militärs, die den Angriff geplant und fest damit gerechnet hatten, dass der Präsident bei einer Krise sofort reguläre Truppen schicken und die Insel angreifen würde, sahen sich getäuscht. Kennedy blieb fest und versuchte, die Niederlage als »Unfall, nicht als Katastrophe« darzustellen. Im Kreise seiner Vertrauten aber fragte er sich laut: »Wie konnte ich nur so dumm sein?« Er gab sich selbst die Schuld. »Ich war der Verantwortliche in der Regierung«, sagte er gegenüber Journalisten.

Kennedy zog seine Schlussfolgerungen aus dem Desaster in der Schweinebucht. Fortan begegnete er den Ratschlägen von CIA und Militärführung mit Misstrauen. Dass er später die Kubakrise derart diplomatisch geschickt meisterte, hatte ebenfalls mit seinen Schweinebucht-Erfahrungen zu tun. Das Ziel jedoch, Kuba zu destabilisieren und Castro zu beseitigen, wurde keineswegs aufgegeben. Im Gegenteil. Es begann die »Operation Mongoose« (Operation Mungo). Der Mungo ist eine in Asien vorkommende Schleichkatze, die giftige Schlangen töten kann. Die CIA bezeichnete mit dem Namen eine geheime Sondereinheit, die Anschläge auf Kuba verübte,

Castro besucht nach der gescheiterten Invasion Playa Giron, einen der Orte in der Schweinebucht.

»Der Sieg hat hundert Väter, die Niederlage ist ein Waise. Der Präsident trägt die Last der Verantwortung. Die Berater können sich auf neue Ratschläge besinnen.«

**Kennedy nach der gescheiterten Invasion in der kubanischen Schweinebucht 1961**

## Dreizehn Tage

1961 treffen sich Kennedy und der sowjetische Partei- und Staatsführer Nikita Chruschtschow in Wien. Die Gespräche endeten ergebnislos. Zwischen Kennedy und Chruschtschow sitzt der österreichische Bundespräsident Adolf Schärf.

den Zuckerhandel behinderte, Industrieanlagen sabotierte und Falschgeld auf den kubanischen Markt brachte. In den Anweisungen zu Mongoose hieß es schließlich auch: »Zum abschließenden Erfolg wird eine entschiedene US-Militärinvasion nötig sein.« Für diese Invasion wurde auch trainiert: In Florida und Puerto Rico wurde im Herbst 1962 der Sturz eines Diktators mit dem Namen Ortsac durchgespielt – Castro rückwärts gelesen. Aber diese verdeckten Operationen waren in der Öffentlichkeit natürlich nicht oder nur unvollständig bekannt.

Das Nachrichtenmagazin *Time* schrieb in der Bilanz über Kennedys erste 100 Tage im Amt: »Die Vereinigten Staaten haben eine monatelange Serie von Rückschlägen hinnehmen müssen, wie sie in der Geschichte der

## Das Desaster in der Schweinebucht und die Kubakrise

Kennedy und Chruschtschow am 3. Juni 1961 in Wien.

Republik selten waren.« Noch schwerer wog für den Präsidenten aber die Tatsache, dass die Sowjetunion nun als Verbündeter der Dritten Welt auftrat und Chruschtschow sich als der Stärkere fühlen konnte – was er dem amerikanischen Präsidenten dann auch kurz darauf bei ihrem ersten Treffen in Wien auf eine Weise klarmachte, die mit Diplomatie nicht mehr viel zu tun hatte. Das Treffen endete ergebnislos, und Kennedy kam sich wie ein abgekanzelter Schuljunge vor. Nicht einmal seine schöne Frau hatte auf den Russen Eindruck machen können. Aber Chruschtschow hatte ohnehin einen psychopathischen Zug. Ein Jahr zuvor hatte er das auf der Vollversammlung der Vereinten Nationen bewiesen, als er außer sich vor Wut mit einem Schuh auf das Rednerpult einschlug.

> »Wenn es Berlin nicht gäbe, wären die USA frei in ihrer Wahl der Maßnahmen gegen Kuba.«
>
> **Kennedy im Gespräch mit Willy Brandt, 5. Oktober 1962**

# Nikita Chruschtschow

Nikita Chruschtschow in der DDR.

Nikita Sergejewitsch Chruschtschow (1894–1971), der Gegenspieler Kennedys auf sowjetischer Seite, war ein Bergarbeitersohn aus dem Gebiet Kursk in der Ukraine. 1918 schloss er sich den Kommunisten an. Über mehrere Stationen als Funktionär kam er 1929 nach Moskau, wo sein Aufstieg begann. 1939 rückte er ins Politbüro auf. Er stand fest zu der Parteilinie Stalins (1879–1953), auch in den Zeiten der Säuberung.

Nach Stalins Tod wurde Chruschtschow zunächst einer der vier Sekretäre des Zentralkomitees der KPdSU. Am 13. September 1953 wählte ihn das ZK zum Ersten Sekretär. In einer geheimen Sitzung des XX. Parteitages am 24. Februar 1956 übte der neue starke Mann der Sowjetunion eine vernichtende Kritik an Stalin, dem Stalinismus und dem Personenkult. Es begann die »Tauwetter-Periode«, die allerdings nur kurze Zeit in der Welt so etwas wie Hoffnung auf einen besseren Sozialismus aufkommen ließ.

Nach den Aufständen in Polen und Ungarn 1956 kehrte Chruschtschow zum harten Kurs zurück, was sich etwa im Verhältnis zum jugoslawischen Führer Josip Broz Tito (1892–1980) zeigte, zu China oder im Berlin-Ultimatum, in dem er Ende 1958 forderte, Westberlin binnen eines halben Jahres zu einer »Freien Stadt« zu machen, und mit einem gesonderten Friedensvertrag mit der DDR drohte, was das Ende des Viermächtestatus der Stadt bedeutet hätte.

Seine innenpolitische Arbeit galt vor allem der Landwirtschaft. 1957 setzte er seine Pläne zur Dezentralisierung der Wirtschaftsorganisation durch, die er jedoch 1962 wieder revidieren musste und die später ganz aufgehoben wurde. Seine Außenpolitik stellte er unter das Stichwort »friedliche Koexistenz«, ohne jedoch wirklich zu größeren Zugeständnissen bereit zu sein. In der Ära Chruschtschow überflügelte die Sowjetunion zeitweise Amerika bei der Raumfahrt. Chruschtschow fühlte sich immer stärker und wagte so auch die Auseinandersetzung mit den Vereinigten Staaten in der Kuba-Frage, die er aber letztlich verlor.

Überraschend wurde Chruschtschow am 14. Oktober 1964 von einer ZK-Mehrheit gestürzt. Es begann die Zeit von Leonid Breschnew (1907–1982), der sich von 1966 an auch Generalsekretär der KPdSU nannte. Chruschtschow wurde nach seinem Sturz nicht verbannt, sondern einfach zu einer Art Unperson erklärt. Als einsamer, verbitterter Mann zog er sich auf eine Datscha bei Moskau zurück und starb schließlich im Alter von 77 Jahren an Herzversagen in einem Moskauer Krankenhaus.

## DAS DESASTER IN DER SCHWEINEBUCHT UND DIE KUBAKRISE

Im Oktober 1962 schließlich gelang es Kennedy endlich, dem sowjetischen Machthaber eine empfindliche Niederlage zuzufügen. Abermals ging es um Kuba. Am 16. Oktober begannen die *Thirteen Days*, wie Robert Kennedy seine niedergeschriebenen Erinnerungen an jene 13 Tage später nannte, in denen die Welt am atomaren Abgrund stand. An jenem 16. Oktober 1962, einem Dienstag, wurden Kennedy Fotos vorgelegt, die zwei Tage zuvor von einem U-2-Spionageflugzeug aus 20 Kilometer Höhe über Kuba aufgenommen worden waren. Sie zeigten, dass auf der Insel sowjetische Mittelstreckenraketen aufgestellt wurden, die auf sowjetischen Schiffen nach Kuba gebracht worden waren. Aus Sicht Chruschtschows war das keine Provokation, sondern diente lediglich der Sicherheit Kubas. Er sagte: »Es war mir klar, dass wir Kuba verlieren würden, wenn wir keine entscheidenden Schritte zu seiner Verteidigung unternehmen würden.« Zudem erinnerte Chruschtschow daran, dass die Vereinigten Staaten im Herbst 1961 selbst Atomraketen in Italien und der Türkei aufgestellt hatten, welche die Sowjetunion erreichen konnten und damit das strategische Gleichgewicht verändert hätten. In der Türkei waren 15 sogenannte Jupiter-Raketen stationiert, die in der Tat, mit Atomsprengköpfen bestückt, Moskau hätten erreichen können. Chruschtschow wollte die Raketen auf Kuba in aller Heimlichkeit stationieren und die Weltöffentlichkeit auf der Vollversammlung der Vereinten Nationen am 6. November mit der Information überraschen. Das wäre ein Paukenschlag unmittelbar nach den Kongresswahlen in den USA gewesen. Der Vertrag mit Kuba sah auch die Stationierung sowjetischer Einheiten und den Bau eines U-Boot-Hafens auf der Insel vor.

Nun war allerdings schon Wochen zuvor dem amerikanischen Geheimdienst klar, dass auf Kuba Raketen stationiert wurden. Allerdings behauptete die Sowjetunion, es handle sich um reine Defensivwaffen, mit denen die Insel geschützt werden sollte. Die Amerikaner aber zweifelten daran und wollten es genau wissen. Anfang Oktober erging der Befehl, mit U-2-Flugzeugen die Insel zu erkunden. Wegen der Wetterlage konnte das Flugzeug allerdings erst ein paar Tage später tatsächlich aufsteigen. Es brachte knapp 1000 Fotos mit, die keinen Zweifel daran ließen, dass die Sowjetunion auf der Karibikinsel Atomraketen stationierte, die Amerika erreichen konnten.

So begann die gefährlichste Krise des Kalten Krieges. Es war auf einmal nicht mehr undenkbar, dass es zum Atomkrieg kommen könnte. Die Welt hielt den Atem an, seit Kennedy sie am 22. Oktober 1962 per Fernsehansprache über die Situation auf Kuba informiert hatte. Da allerdings waren

---

»Ich glaube, wir hatten überhaupt keine andere Wahl, und nicht nur das. Wenn du nichts unternommen hättest, wäre ein Amtsenthebungsverfahren gegen dich eingeleitet worden.«

ROBERT KENNEDY IN SEINEM BUCH »THIRTEEN DAYS«, EIN GESPRÄCH MIT SEINEM BRUDER WIEDERGEBEND

## Dreizehn Tage

Ein von einem amerikanischen Spionageflugzeug aus im Oktober 1962 aufgenommenes Foto enthüllte, dass die Sowjetunion auf Kuba dabei war, Mittelstreckenraketen zu stationieren.

die Diskussionen im Weißen Haus über die richtige Antwort auf die sowjetische Herausforderung schon beendet. Am 16. Oktober kurz vor Mittag kam erstmals das von Kennedy einberufene »Executive Committee« des Nationalen Sicherheitsrates zusammen, das fortan nur »Ex Comm« genannt wurde und in den folgenden zwei Wochen praktisch ununterbrochen tagte. In der ersten Erregung setzten die Militärs auf einen Luftschlag und später auf eine Invasion der Insel. Zur außenpolitischen Herausforderung kam die innenpolitische: die bevorstehenden Kongresswahlen. Die Senatoren forderten vom Präsidenten eine harte, am besten eine militärische Antwort. Die erwog zwar auch Kennedy, aber sie war ihm zu gefährlich. Zumal ein Angriff auf Kuba womöglich zur Folge gehabt hätte, dass sowjetische Truppen in Westberlin einmarschierten.

## DAS DESASTER IN DER SCHWEINEBUCHT UND DIE KUBAKRISE

Schließlich einigte sich das Ex Comm auf eine »Quarantäne«. Gemeint war eine Seeblockade, die freilich so nicht genannt werden durfte, denn nach internationalem Recht galt sie als Kriegshandlung.

Zugleich wurde ein Militärschlag vorbereitet. 140 000 Soldaten wurden in Florida zusammengezogen. Die Bomberstaffeln wurden in Alarmbereitschaft versetzt und mit Atomwaffen bestückt. Ein Drittel der B 52-Bomber war ständig in der Luft. Ein Luftschlag wäre nur eine Sache von Minuten gewesen, hätte der Präsident den Befehl dazu erteilt. Kennedy versuchte national und international, die Verbündeten von seinem Weg zu überzeugen. Er rief sogar drei seiner Amtsvorgänger an, Hoover, Truman und Eisenhower. Die öffentliche Meinung war wichtig, gab es doch schon die Drohung von Senatoren, sie würden öffentlich machen, dass sich der Präsident einer harten Haltung verweigerte. Eine Mehrheit der Amerikaner hätte wohl eine Invasion Kubas befürwortet.

Als am 18. Oktober der sowjetische Außenminister Andrej Gromyko im Weißen Haus war, zögerte Kennedy noch, die Beweisfotos aus seiner Schreibtischschublade vorzulegen, obgleich Gromyko wiederholte, es gebe nur Defensivwaffen auf Kuba. Am 22. Oktober hatte Kennedy zeitgleich zu seiner Fernsehansprache auch seinen Gegenspieler Chruschtschow über die Blockade Kubas informieren lassen. Am selben Tag wurde die Armee in Alarmbereitschaft versetzt. Der Befehl dazu wurde unverschlüsselt versendet. So sollte die Sowjetunion über den Schritt sogleich informiert werden – als Drohung und Warnung zugleich.

Zwei Tage später kam es zur Konfrontation. 27 Schiffe unter sowjetischer oder anderen Fahnen des Ostblocks waren auf dem Weg nach Kuba. Festgelegt war, dass kein Schiff kontrolliert werden sollte, wenn es freiwillig abdrehte. Sechs sowjetische Schiffe näherten sich geradewegs den kubanischen Hoheitsgewässern. Bobby Kennedy schrieb in seinem Buch: »Ich hatte das Gefühl, vor einem Abgrund zu stehen, und es war, als gebe es keinen Ausweg.« Dann kam die erlösende Nachricht, die auf einem Zettel in eine Sitzung von Ex Comm gereicht wurde: Die Schiffe hatten gestoppt oder waren umgekehrt. Zu diesem Zeitpunkt schon hatte Chruschtschow nämlich seinen Plan aufgegeben.

Damit war für Kennedy zwar die erste Herausforderung gemeistert. Ungeklärt blieb aber indes, was mit den Raketen geschehen sollte, die schon auf Kuba waren und just an diesem Tag einsatzfähig gemacht wurden. Chruschtschow ließ Kennedy über Anatoli Dobrynin, den sowjetischen Botschafter in Amerika, zwei Nachrichten zukommen. Die erste vom 26. Okto-

> »Sein Gesicht schien abgehärmt, die Augen voller Schmerz, fast grau. Wir starrten einander über den Tisch hinweg an. Für einige flüchtige Sekunden schien es, als sei sonst niemand da, als sei er nicht mehr der Präsident.«
>
> ROBERT KENNEDY IN SEINEM BUCH »THIRTEEN DAYS« ÜBER SEINEN BRUDER WÄHREND DER KUBAKRISE, OKTOBER 1962

## Dreizehn Tage

ber lautete, er würde die Raketen abziehen, wenn Amerika die Sicherheit Kubas garantiere. Am Tag darauf schickte der sowjetische Führer die Forderung hinterher, dass die USA im Gegenzug die Raketen in der Türkei abziehen müsse. Am selben Tag wurde eine U-2 über Kuba abgeschossen. Angeblich hatte dies allerdings nicht Moskau, sondern die örtlichen Befehlshaber angewiesen.

Die amerikanischen Militärs drängten nunmehr endgültig auf den Angriff. Wie sollte Ex Comm darauf antworten? Es war wieder einmal Bruder Robert, Kennedys wichtigster Berater, der die erlösende Idee zwar nicht selbst gehabt hatte, sie aber im entscheidenden Augenblick noch einmal in der hochrangigen Runde im Weißen Haus vortrug.

Es war im Grunde genommen ein Trick: Kennedy sollte in seiner Antwort nur auf den ersten Brief aus Moskau eingehen und den zweiten ignorieren. Zugleich sollte dem sowjetischen Führer insgeheim über Botschafter Dobrynin angeboten werden, die amerikanischen Raketen aus der Türkei tatsächlich abzuziehen – aber nur, wenn Chruschtschow das Angebot nicht öffentlich machen würde. Verletze er die Geheimhaltung, würden die Vereinigten Staaten abstreiten, den Abzug erwogen zu haben, und die Raketen belassen.

Chruschtschow ging zur Erleichterung Kennedys auf das Angebot ein. Einen Tag später – Sonntag, den 28. Oktober – verkündete Radio Moskau, dass die Raketen auf Kuba abgezogen würden.

Chruschtschow behauptete, er sei als Sieger aus diesem Konflikt hervorgegangen, weil er die Sicherheit des sozialistischen Kubas garantiert habe. Das sahen aber selbst seine Verbündeten anders – sogar die Kubaner. Castro tobte, Chruschtschow sei kein Mann. Die Kubakrise war die erste Niederlage des sowjetischen Staatschefs und damit in gewisser Weise der Anfang von seinem politischen Ende.

Im Oktober 1964 wurde der »Diktator mit menschlichen Zügen«, wie man ihn im Westen nannte, entmachtet. Die Absprache über die amerikanischen Raketen hat er in der Tat nie öffentlich gemacht, auch nicht, als es ihm politisch womöglich das Überleben hätte sichern können. Er konnte auch nicht wissen, dass Kennedy den damaligen Generalsekretär der Vereinten Nationen, U Thant, der als Mittler in der Kubakrise auftreten sollte, in einem geheimen Brief gebeten hatte, im Fall eines Scheiterns der amerikanisch-sowjetischen Absprache den Vorschlag des Raketenabzugs als seinen eigenen zu präsentieren. Kennedy hätte also wohl so oder so auf die NATO-Raketen in der Türkei verzichtet.

*Präsident Kennedy unterzeichnet am 22. Oktober 1962 die Anweisung, über Kuba eine Seeblockade zu verhängen.*

# Das Desaster in der Schweinebucht und die Kubakrise

## Dreizehn Tage

Kennedy im Gespräch mit dem sowjetischen Botschafter Anatoli F. Dobrynin, der am 31. März 1962 sein Beglaubigungsschreiben im Weißen Haus überreichte.

In jedem Fall galt schon damals Kennedy als der wahre Held, der den Weltfrieden gerettet hatte. Die Zustimmung zu seiner Politik erreichte in Amerika wieder Spitzenwerte. Seine Partei schnitt bei den Kongresswahlen gut ab. Heute weiß man allerdings, dass es in den 13 Tagen der Krise eine Reihe von Unstimmigkeiten gab und das Weiße Haus nicht immer über alles informiert war, was wirklich vor Kuba vor sich ging.

Tatsächlich kam es auf beiden Seiten in jenen Tagen immer wieder zu Zwischenfällen, von denen jeder einzelne Auslöser für den Krieg hätten werden können und die auf Eigenmächtigkeiten der Militärs zurückgingen. So

## Das Desaster in der Schweinebucht und die Kubakrise

Kennedy im März 1962 bei seiner Ankunft in Costa Rica, wo er mit den Präsidenten von sechs lateinamerikanischen Ländern das Problem Kuba besprechen wollte.

zwangen amerikanische Kriegsschiffe sowjetische U-Boote zum Auftauchen. Ein Schiff, das allerdings unter libyscher Flagge fuhr, wurde auch durchsucht. Zudem wurde die Operation Mongoose nicht sofort gestoppt, und als sie schließlich angehalten wurde, erfuhren nicht alle Beteiligten davon. Selbst das Manöver Ortsac lief noch bis zum 20. Oktober weiter. Auch zeigte sich, dass beide Seiten einander falsch eingeschätzt hatten. Die Amerikaner hatten die Zahl der sowjetischen Truppen auf Kuba völlig überschätzt. Umgekehrt wussten sie nicht, dass die Sowjetunion auch atomar bestückte Kurzstreckenraketen stationiert hatte, die gegen eine amerikani-

*Dreizehn Tage*

## DAS DESASTER IN DER SCHWEINEBUCHT UND DIE KUBAKRISE

sche Invasion eingesetzt werden sollten. Das Grundmissverständnis beider Mächte aber war wohl, dass Amerika sich bis dahin nur halbherzig um Kuba gekümmert hatte, während für die sowjetische Führung die sozialistische Revolution auf der Insel von großer, geradezu historischer Bedeutung war. Chruschtschows Hinweis, er wolle nur die Sicherheit Kubas garantieren, wurde im Weißen Haus als Propaganda abgetan, war aber wohl durchaus ernst gemeint.

Die Kubakrise hatte beiden Seiten in gewisser Weise auch die Augen dafür geöffnet, wie gefährlich nah die Welt einem Krieg mit Atomwaffen kommen konnte – und sei es nur durch einen Zufall. Kennedy sagte zum stellvertretenden sowjetischen Ministerpräsidenten: »Sehen Sie, diese Welt ist furchtbar gefährlich. Ich habe nicht gedacht, dass Sie das tun würden, und Sie haben offensichtlich nicht gedacht, dass ich so reagieren würde. Es ist zu gefährlich, wenn wir so weitermachen.«

Die USA und die Sowjetunion einigten sich schon ein knappes Jahr später auf einen »heißen Draht«, eine Telex-Verbindung zwischen Washington und Moskau, um unnötige Eskalationen zu vermeiden und Missverständnisse aufzuklären. Im Juli folgte der Vertrag zwischen Amerika, Großbritannien und der Sowjetunion über das Verbot atomarer Tests, überirdisch, unter Wasser und im Weltraum – wenn auch nicht unterirdisch. Im Oktober verkaufte Amerika erstmals überschüssigen Weizen an die Sowjetunion. Aber weder war der Kalte Krieg beendet, noch endete die Hochrüstung zwischen beiden Blöcken.

In einer seiner großen Reden, der »Friedensrede«, sagte Kennedy im Juni 1963 an der American University in Washington beinahe philosophisch: »Wenn wir unsere Differenzen auch nicht ganz aus der Welt schaffen können, so können wir doch zumindest dazu beitragen, dass die Welt trotz Meinungsverschiedenheiten sicher bleibt. Denn letztlich bildet die Tatsache, dass wir alle Bewohner dieses kleinen Planeten sind, doch das uns im Tiefsten gemeinsame Band. Wir alle atmen die gleiche Luft, uns allen liegt die Zukunft unserer Kinder am Herzen, und wir alle sind sterblich.« Das war eine Abkehr von der Politik seines Vorgängers Eisenhower, der als ehemaliger General noch von einem Zurückdrängen – »Roll Back« – des Kommunismus gesprochen hatte. Freilich fand Kennedys Rede in der Sowjetunion mehr Beachtung als in Amerika selbst. Chruschtschow urteilte 1970, ein Jahr vor seinem Tod, über Kennedy milde: »Er überschätzte die Macht Amerikas nicht und hielt sich einen Weg aus der Krise offen. Er legte echte Weisheit und eine staatsmännische Haltung an den Tag.«

---

Am 26. Juli 1963 nannte Kennedy in einer Ansprache an die Nation das Atomteststopp-Abkommen zwischen den USA, Großbritannien und der Sowjetunion einen »Sieg für die Menschheit«.

---

»Unter Frieden verstehe ich nicht eine *pax americana*, die der Welt durch amerikanische Waffen aufgezwungen wird. Ich spreche vom Frieden als dem notwendigen vernünftigen Ziel vernünftiger Menschen.«

KENNEDY IN SEINER »FRIEDENSREDE« AN DER AMERICAN UNIVERSITY IN WASHINGTON, JUNI 1963

## 17. Breitengrad
### Kennedys Zögern in Vietnam

Ein weiterer Schauplatz im Kalten Krieg war Indochina. Heute ist es nur noch schwer vorstellbar, welche Faszination der Kommunismus Anfang der 1960er-Jahre ausübte. Aber es schien so, als könne die Sowjetunion tatsächlich Amerika überholen.

Der Start des ersten Sputniks 1957 galt dafür als größtes Symbol und führte zu Amerikas »Sputnik-Schock«. Es war auch die Sowjetunion, die 1961 den ersten Menschen in den Weltraum schickte, den Jagdflieger Juri Gagarin. Ein Schock für Amerika war im Jahr zuvor auch der Abschuss eines U-2-Aufklärungsflugzeugs über sowjetischem Gebiet. 1961 verkündete Chruschtschow zudem, dass er in den nationalen Befreiungsbewegungen überall auf der Welt Verbündete sehe und sie unterstützen würde.

In Indochina kam zum sowjetischen Einfluss auch der Chinas hinzu. Beide Mächte konkurrierten hier miteinander. Amerika hatte ein großes Interesse daran, den eigenen Einfluss zu sichern und die Kommunisten möglichst zurückzudrängen. John F. Kennedy hing genau wie sein Vorgänger Eisenhower der sogenannten Domino-Theorie an, die besagte: Fällt eines der Länder aus dem amerikanischen Einflussbereich, fällt bald auch das nächste. Die USA würden so immer mehr Ansehen und Gewicht verlieren.

Ho Chi Minh im Jahr 1946.

Zunächst war es gar nicht Vietnam, auf das Kennedy blickte, sondern der Nachbarstaat Laos. Der Bürgerkrieg in Laos war ein Stellvertreterkrieg beider Weltmächte. Wie immer drängten die Militärführer in Amerika auf eine Invasion. Kennedy ging, wenn auch zähneknirschend, einen anderen Weg und ließ sich auf Verhandlungen über eine Neutralität des Königreiches Laos ein. Das Ergebnis war, dass die Unterstützung der jeweiligen Seite von nun an verdeckt erfolgte und dass Amerika in Asien einen Ansehensverlust hinnehmen musste.

Das sollte in Vietnam nicht noch einmal passieren. Kennedy hatte vor seiner Präsidentschaft Vietnam zweimal besucht. Damals versuchte Frankreich, seine alte Kolonie zurückzugewinnen. Kennedy hielt dieses Ziel für unerreichbar und die Indochinapolitik Frankreichs für verfehlt. Der Krieg könne niemals gewonnen werden, meinte er damals. Im Zweiten Weltkrieg war Vietnam von den Japanern besetzt gewesen. Der Kampf der Vietnamesen gegen die Japaner wurde sogar von Amerika unterstützt. Als die Japaner abzogen, kamen die Franzosen, woraufhin die USA nun dem europäischen Verbündeten halfen. Aber die Franzosen blieben im Guerillakrieg ohne Chancen. Als schließlich im Frühjahr 1954 die Dschungelfestung Dien Bien Puh in

Der südvietnamesische Präsident Ngo Dinh Diem im August 1963 am 17. Breitengrad mit einem amerikanischen Militärberater (links).

Nordvietnam fiel, zog sich Frankreich geschlagen und gedemütigt zurück. Kurz darauf erlangte Vietnam seine Unabhängigkeit, wurde aber entlang des 17. Breitengrades geteilt. Im Norden regierte der Kommunist Ho Chi Minh eine »Volksdemokratie« nach kommunistischem Vorbild, im Süden ein prowestliches Regime unter Ngo Dinh Diem. 1956 standen in Vietnam Wahlen an. Als abzusehen war, dass Ho Chi Minh diese auch im Süden gewinnen würde, wurde die Wahl dort sabotiert. Fortan versuchte der Norden Vietnams, seinen Einflussbereich auf den Süden auszudehnen – durch eine eigene Truppe, die »Nationale Front zur Befreiung Südvietnams«, genannt Vietcong. Amerika unterstützte Südvietnam von Anfang an durch Militärberater und militärische Technik. Im Grunde machte sich Kennedy keine Illusionen: »Ich bin offen gestanden davon überzeugt, dass keine noch so große Militärhilfe der USA in Indochina einen Feind besiegen kann, der überall und zur gleichen Zeit nirgends ist, einen Feind des Volkes, der gleichzeitig die Sympathie und die heimliche Unterstützung des Volkes genießt.«

# Der Krieg in Indochina

**Südvietnam**

Die Auseinandersetzungen in Indochina waren typische Stellvertreterkriege während des Kalten Krieges. 1941 hatte Frankreich seine Kolonie Vietnam kampflos an Japan abtreten müssen. Nach dem Krieg kehrten die Franzosen zurück, trafen aber auf den Widerstand der Rebellenorganisation Viet-Minh unter ihrem Anführer Ho Chi Minh. Die Viet-Minh-Armee wurde durch die Hilfslieferungen aus dem mittlerweile kommunistischen China so weit gestärkt, dass sie die Franzosen in den Jahren bis 1953 fast vollständig aus dem nordvietnamesischen Landesteil Tonkin vertreiben konnte. Dabei hatten die USA inzwischen angefangen, die Franzosen zu unterstützen. In der Schlacht bei Dien Bien Phu erlitt die französische Kolonialarmee 1954 eine vernichtende Niederlage.

Es begannen Friedensgespräche, bei denen die Teilung Vietnams entlang des 17. Breitengrades beschlossen wurde. Auf der Friedenskonferenz wurde auch die Machtverteilung in Laos geregelt. Dort gab es die Pathet Lao, eine ursprünglich ebenfalls gegen die Franzosen gerichtete Widerstandsbewegung. 1959 eskalierten die Kämpfe zwischen den Pathet Lao, die von Nordvietnam unterstützt wurden, und den Regierungstruppen des Königreichs Laos, unterstützt von den Amerikanern. Gegen den Willen der USA bildete sich 1962 in Laos eine Koalitionsregierung zusammen mit Kommunisten.

Das Interesse der USA richtete sich fortan stärker auf die Verteidigung Südvietnams. Daraus entwickelte sich in der Folge der Vietnamkrieg, auch Zweiter Indochinakrieg und in Südostasien Amerikanischer Krieg genannt. Die offene Intervention der USA begann mit der Bombardierung Nordvietnams im März 1965. Nachdem es zuvor nur amerikanische Militärberater gegeben hatte, landeten am 8. März 1965 die ersten US-Kampftruppen im Land. Die Sowjetunion und China unterstützten Nordvietnam und stellten dem Land militärische Hilfe zur Verfügung.

Von 1970 an weiteten die Vereinigten Staaten ihre militärischen Aktionen, insbesondere die Bombardierungen, auf die Nachbarstaaten Kambodscha und Laos aus, um den Nachschub für die Südvietnamesische Befreiungsbewegung, Vietcong genannt, zu unterbrechen. Trotz eines massiven Truppenaufgebotes gelang es den USA nicht, den Süden zu stabilisieren. Als auch in Westeuropa der Widerstand gegen den Vietnamkrieg immer stärker wurde – »Amis raus aus Vietnam!«, wurde auch in der Bundesrepublik skandiert, Ho Chi Minh galt als Held –, zogen die Amerikaner ab. Der Krieg endete mit der Einnahme Saigons am 30. April 1975 durch nordvietnamesische Truppen.

# Kennedys Zögern in Vietnam

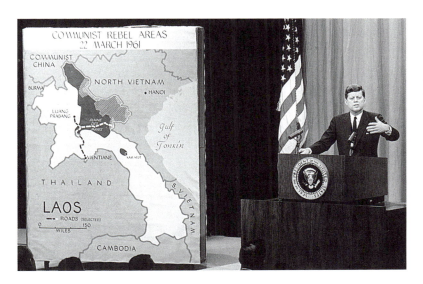

Kennedy fordert auf einer Pressekonferenz im amerikanischen Außenministerium im März 1961 eine Waffenruhe für Laos, einem der Konfliktherde während des Kalten Krieges.

Es gab aber eine neue Strategie für solche Fälle. Sie lief darauf hinaus, nicht durch eine direkte Invasion einzugreifen, sondern durch *sublimited war*, also durch einen Krieg, der offiziell keiner war. Amerika erhöhte die Zahl seiner Berater in Südvietnam von knapp 700 auf 1600. Kennedy schickte Hubschrauber, Artillerie und Kampfbomber nach Vietnam. Napalm wurde eingesetzt, zudem Entlaubungsmittel, um vor allem den Ho-Chi-Minh-Pfad, den Versorgungsweg für den Vietcong aus dem Norden, im Dschungel zu finden und zu unterbrechen. Die Amerikaner setzten gegen die Guerillakämpfer in Vietnam eine eigene Sondereinsatztruppe ein, die nach ihrer Kopfbedeckung »Green Berets« genannt wurde.

Wie schon in Kuba hatte der Präsident aber zugleich erkannt, dass ihm ausreichende Informationen fehlten, um zu einer realistischen Einschätzung der Lage zu kommen. Die südvietnamesische Regierung sprach immerzu vom Sieg, auch die Militärberater in Saigon. Die Wirklichkeit aber sah anders aus. Und es war zuerst die *New York Times*, die darüber berichtete, woraufhin Kennedy einen Vertrauten nach Vietnam schickte, der ihm ein ungeschminktes Bild der aktuellen Lage geben sollte.

Ho Chi Minh sei zwar Kommunist, so Kennedy, doch er habe »in allen Schichten der Gesellschaft Einfluss, weil er jahrelang den französischen Kolonialismus bekämpft hat«. John F. Kennedy konnte nicht ahnen, dass nur wenige Jahre später ausgerechnet Ho Chi Minh zur Symbolfigur antiamerikanischer Demonstrationen in Westeuropa werden sollte und ein erbarmungsloser Kommunist als guter Mensch gelten würde. Hingegen galt Diems

> »Manchmal musste dieses Land aus Gründen der nationalen Sicherheit Diktatoren helfen, besonders in den neueren Nationen, die noch nicht bereit waren für echte Demokratie.«
>
> **Theodore Sorensen**

## 17. Breitengrad

Der amerikanische Verteidigungsminister Robert McNamara trifft 1964 den südvietnamesischen Machthaber Nguyen Khan. Mit dabei sind der US-Botschafter Henry Cabot Lodge (links) und der amerikanische General Maxwell Taylor.

Regime zu Recht als korrupt und unfähig. Die Bauern im Süden wurden in sogenannte Wehrdörfer mehr oder weniger gezwungen, angeblich um sie vor den Überfällen des Vietcong zu schützen. Noch schlimmer wog, dass der Katholik Diem ausgerechnet am Geburtstag Buddhas auf feiernde Gläubige schießen ließ. Die Buddhisten stellten aber die große Mehrheit der Bevölkerung. Ihr Protest wurde weltweit bekannt, nachdem sich der Mönch Quang Duc am 11. Juni 1963 auf einer Straße in Saigon öffentlich verbrannt hatte.

Diem galt auch in Washington immer mehr als das eigentliche Problem im Vietnamkonflikt. »Wir sind nicht dazu da, um zuzusehen, wie ein Krieg verloren wird«, sagte Kennedy und beauftragte seinen alten republikanischen Gegenspieler bei der Senatswahl von 1952, Henry Cabot Lodge, als Botschafter in Südvietnam eine für Amerika akzeptable Lösung zu finden. Lodge blieb bis 1967 Botschafter in Vietnam, war dann eine kurze Zeit lang auch Botschafter in der Bundesrepublik Deutschland, bevor ihn Richard Nixon 1969 beauftragte, die Pariser Friedensverhandlungen mit Vietnam auf amerikanischer Seite zu führen.

Lodge sah einen Aufstand des Militärs als Lösung an und besprach sich mit den möglichen Putschisten. Am 1. November 1963 schlugen sie zu. Diem und einer seiner Brüder, der ebenfalls in der Regierung saß, wurden mitten im Gottesdienst festgenommen und kurz darauf erschossen – bevor die Amerikaner beide hätten außer Landes bringen konnten. Einem dritten Bruder war es sogar gelungen, sich zu den Amerikanern zu flüchten, er wurde

## Kennedys Zögern in Vietnam

Soldaten der 173. US-Luftlandebrigade im Vietnameinsatz.

aber ausgeliefert und ebenfalls sofort umgebracht. Als Kennedy die Nachricht während einer morgendlichen Sitzung des Nationalen Sicherheitsrates erhielt, spiegelte, so der Bericht eines Vertrauten, sein Gesicht Schock und Entsetzen, »wie ich ihn nie zuvor gesehen hatte«. Nur drei Wochen später wurde auch Kennedy erschossen.

In der Kennedy-Literatur wird immer wieder darüber gerätselt, wie der Präsident in einer zweiten Amtsperiode mit der Herausforderung Vietnam umgegangen wäre. Sein Berater Sorensen meinte zwar in seiner Biografie des Präsidenten, Kennedy habe an einen Abzug gedacht, setzte aber hinzu: »Im November 1963 war kein baldiges Ende des Vietnamkrieges abzusehen.« Robert Kennedy sagte über den Krieg: »Wir werden ihn gewinnen, und wir werden hier bleiben, bis wir ihn gewonnen haben.«

Andreas Etges meint in seiner Kennedy-Biografie: »Es ist fraglich, ob Kennedy eine nicht-militärische ›Lösung‹ gewählt hätte. Dafür ging es im Kalten Krieg um zu viel.« Von Kennedy selbst gibt es unterschiedliche Stellungnahmen. Wahrscheinlich hätte er persönlich gern den Abzug angeordnet, aber es war bei allem stets die weltpolitische Lage mit zu bedenken. So wären wahrscheinlich diese Sätze des Präsidenten aus dem Juli 1963 auch später seine Maxime gewesen: »Wir werden unsere dortigen Bemühungen nicht aufgeben. Meiner Meinung nach würde ein Ende unserer Bemühungen den Zusammenbruch nicht allein von Südvietnam, sondern von Südostasien bedeuten. Deshalb bleiben wir da.«

»Wenn ich jetzt versuchen würde, uns vollständig aus Vietnam zurückzuziehen, würde es zu einer Neuauflage der Joe McCarthy-Kommunistenjagd kommen, aber nach der Wiederwahl kann ich's machen. Also sorgen wir verdammt noch mal dafür, dass ich wiedergewählt werde!«

KENNEDY 1963 ÜBER DEN VIETNAMKONFLIKT

# 17. Breitengrad

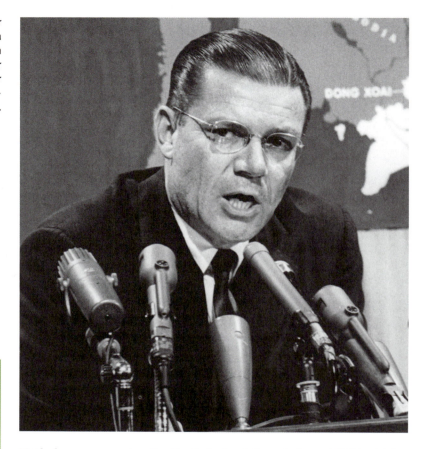

Verteidigungsminister Robert McNamara spricht im Juni 1965 im Pentagon auf einer Pressekonferenz über den zum Krieg eskalierten Vietnamkonflikt.

»In mancher Hinsicht denke ich, dass das vietnamesische Volk und wir uns einig sind: Wir wollen den Krieg gewinnen, die Kommunisten eindämmen, und wir wollen, dass die Amerikaner nach Hause gehen. Das ist unsere Politik. Ich bin sicher, es ist die Politik des vietnamesischen Volkes.«

Kennedy auf einer Pressekonferenz im September 1963

Nach dem sogenannten Tonkin-Zwischenfall am 2. August 1964 schickte Kennedys Nachfolger Johnson offiziell Truppen nach Vietnam. Immer mehr Stützpunkte der Amerikaner entstanden. Den Zwischenfall, bei dem angeblich ein amerikanisches Kriegsschiff von nordvietnamesischen Schnellbooten angegriffen wurde, hat es, wie Jahre später bekannt wurde, nie gegeben. Auch begann das Flächenbombardement von Nordvietnam. Der Krieg wurde grausam und reich an Opfern.

Auch Johnson dämmerte bald, dass der Krieg nicht zu gewinnen war, zumal der Widerstand auch im eigenen Land immer größer wurde. »Ich werde nicht der erste Präsident sein, der einen Krieg verliert«, sagte er. Am Schluss standen eine halbe Million amerikanische Soldaten in Vietnam. 1968 begannen Verhandlungen über einen Waffenstillstand. Johnsons Nachfolger Nixon wollte eine rasche »Vietnamisierung« des Krieges. Gemeint war damit der Abzug von 90 000 amerikanischen Soldaten aus Vietnam bis Ende

Eine südvietnamesische Mutter beobachtet den Einmarsch amerikanischer Soldaten in ihr Dorf. Die Zivilisten litten immer mehr unter der Grausamkeit des Krieges auf beiden Seiten.

1969, zugleich der Ausbau der südvietnamesischen Streitkräfte. Endgültig wurde ein Abkommen zwischen Nord- und Südvietnam erst 1973 geschlossen. Zwei Jahre später geschah das, was schon unter Kennedy befürchtet wurde: Nordvietnam überrannte den Süden. Die letzten amerikanischen Berater wurden nur Stunden vor dem Eintreffen der nordvietnamesischen Panzer aus Saigon ausgeflogen. Saigon, die mit Abstand größte Stadt Vietnams, erhielt den demütigenden Namen Ho-Chi-Minh-Stadt. Amerika war geschlagen, der Gesichtsverlust der Weltmacht ungeheuerlich. Erst viele Jahre später wurde bekannt, dass der jahrelange Krieg unter den Vietnamesen, insbesondere unter der vietnamesischen Zivilbevölkerung, unverhältnismäßig viele Opfer gefordert hatte, ein Vielfaches der amerikanischen Opfer. Die Rede ist von mehreren Millionen Toten. Bis heute gilt es in Vietnam als Tabu, darüber zu reden, ob der Krieg und seine Ergebnisse all die Opfer wert gewesen sind.

# Der Berliner
## KENNEDY UND DEUTSCHLAND

**Der 13. August 1961 war ein Sonntag. Kennedy verbrachte das Wochenende in Hyannis Port in Massachusetts, wo Vater Joe für die Familie ein palastartiges Haus gebaut hatte. Jack war mit dem Segelboot unterwegs, und so erreichte ihn die Nachricht, dass die DDR-Regierung damit begonnen hatte, um Westberlin herum eine Grenze zu ziehen, erst zwölf Stunden später.**

»Bei solchen Themen wie der Berlin-Frage ist Kennedys Position geradezu kriegerisch: Er erklärt öffentlich, dass die USA eher einen Atomkrieg beginnen sollten, als Berlin zu verlassen.«

AUS EINEM PROFIL DES PRÄSIDENTSCHAFTSKANDIDATEN KENNEDY, ERARBEITET VON DER SOWJETISCHEN BOTSCHAFT IN WASHINGTON FÜR DIE FÜHRUNG IN MOSKAU, AUGUST 1960

Der Mauerbau in Berlin hatte um ein Uhr in der Nacht begonnen, indem zunächst die Grenzübergänge gesperrt sowie der S- und U-Bahnverkehr zwischen dem Ost- und dem Westteil der Stadt eingestellt wurden. Um zwei Uhr marschierten Volkspolizei, Nationale Volksarmee und Betriebskampfgruppen auf. Kurz danach waren bereits die ersten Straßen aufgerissen und die ersten Stacheldrahtverhaue und Barrikaden errichtet. Schon wenige Tage später entstanden erste Teile der Mauer, die bis 1989 der Inbegriff des Kalten Krieges bleiben sollte.

Kennedy blieb trotz der Nachricht in Hyannis Port. In Westberlin wurde so viel amerikanischer Gleichmut aufgebracht registriert. Die Westberliner vertrauten den Amerikanern seit der Luftbrücke 1948 als ihren Rettern. Kennedy hatte dafür durchaus Verständnis, wollte aber in der gefährlichen Situation bewusst Gelassenheit demonstrieren. Was er nur im engsten Kreis verlauten ließ: Für ihn war der Mauerbau sogar ein gutes Zeichen. Die Sowjetunion würde es also nicht wagen, so schloss er daraus, den Status von Westberlin infrage zu stellen. Der Präsident hatte in der Berlin-Frage »Three Essentials«, drei Grundsätze, formuliert: Am freien Zugang nach Berlin, an der Anwesenheit der Westmächte in der Stadt und an der Freiheit der Bevölkerung Westberlins durfte nicht gerüttelt werden. Die Grenzbefestigung der DDR zeigte nun, dass Westberlin die Insel der Freiheit bleiben würde, wenn auch eingezäunt. Zudem betrachtete Kennedy es als legitim, dass die DDR ihre Grenzen sicherte, flohen die Ostdeutschen doch zu Tausenden in den Westen. Schon zwei Wochen vor dem Mauerbau hatte Senator William Fulbright in einem Fernsehinterview gesagt, er verstehe nicht, warum die ostdeutsche Führung nicht die Grenze schließe. Über Chruschtschows Politik sagte Kennedy in diesen Tagen in einem Gespräch im Weißen Haus: »Ostdeutschland blutet aus. Das gefährdet den gesamten Ostblock. Er muss etwas dagegen tun. Vielleicht eine Mauer. Und dagegen können wir überhaupt nichts tun.« Und in einem anderen Zusammenhang erklärte er: »Das ist ein Weg aus seiner Zwangslage. Keine sehr angenehme Lösung, aber immer noch

Kennedy während seines Berlin-Besuchs 1963 an der Seite von Willy Brandt, dem Regierenden Bürgermeister, und Bundeskanzler Konrad Adenauer.

besser als Krieg.« Seinen Verteidigungsminister McNamara fragte Kennedy, wie die Mauer propagandistisch ausgenutzt werden könne, zeige sie doch, wie unbeliebt das System bei den eigenen Leuten sei.

Zunächst scheint ihm jedoch nicht bewusst gewesen zu sein, was der Mauerbau für die Westberliner bedeutete. Bald trafen die ersten Stimmungsberichte aus Deutschland ein, die von einem geradezu demoralisierten Westdeutschland sprachen. Aus Berlin kam ein bitterer Brief vom Regierenden Bürgermeister Willy Brandt, dem späteren SPD-Bundeskanzler. Kennedy ärgerte sich: »Was glaubt er, wer er ist?« Brandt hatte den amerikanischen Präsidenten aufgefordert, als Reaktion auf den Mauerbau die Truppenstärke in Berlin zu erhöhen. Kennedy hielt das zunächst für Wahlkampftaktik, sah dann aber ein, wie politisch wichtig ein solcher Schritt war. Daraufhin setzte er zum einen 1500 Soldaten in ihren gepanzerten Fahrzeugen von Stützpunkten in Westdeutschland aus über Transitstrecken nach Westberlin in Bewegung und schickte des Weiteren seinen Vizepräsidenten Johnson nach Westberlin, um die Bevölkerung zu beruhigen. Johnson hatte erhebliche Zweifel an der Mission, weil sie große Erwartungen »bei den unglücklichen Ostberlinern wecken« würde. Aber Kennedy duldete keinen Widerspruch, und so reiste Johnson zusammen mit Lucius D. Clay, dem in Berlin so verehrten General, der seinerzeit die Luftbrücke organisiert hatte. Beide wurden in Westberlin dann auch von Hunderttausenden wie Helden

# BERLIN UND DIE VIER MÄCHTE

Der Viermächtestatus begründete die rechtliche und organisatorische Umsetzung der gemeinsamen Verantwortung der Hauptsiegermächte des Zweiten Weltkriegs für Deutschland nach dessen Kapitulation 1945. Siegermächte waren zunächst die USA, die Sowjetunion und Großbritannien, später auch Frankreich. Berlin wurde in vier Sektoren aufgeteilt. Aus dem Konflikt zwischen der Sowjetunion und den Westmächten erwuchs die Berlin-Frage. Die Westmächte betrachteten sich als Schutzmächte der Freiheit Westberlins. Dafür waren sie bereit, die Integration Ostberlins in die DDR und damit die Teilung der Stadt hinzunehmen. Formell hielten sie jedoch am Viermächtestatus fest.

Bis in die 1960er-Jahre hinein versuchte die Sowjetunion, die Westalliierten aus Berlin zu verdrängen und die gesamte Stadt in ihren Einflussbereich einzubinden. Ein erster Höhepunkt der Auseinandersetzung war die Berlin-Blockade 1948/49. Die Sowjetunion riegelte alle Straßen- und Eisenbahnverbindungen ab und schnitt Westberlin praktisch von der Außenwelt ab – bis auf Flugkorridore, über welche die Westalliierten die Versorgung der Stadt sicherten. Alle 90 Sekunden landete ein Frachtflugzeug, von den Berlinern Rosinenbomber genannt. Damals hielt Oberbürgermeister Ernst Reuter (1889–1953) seine berühmte Rede: »Ihr Völker der Welt, schaut auf diese Stadt.«

Ein zweiter Höhepunkt war das Berlin-Ultimatum, in dem die Sowjetunion den Viermächtestatus aufkündigte und forderte, Westberlin zu einer Freien Stadt zu machen. Auch sollten die Truppen der Westalliierten aus Berlin abziehen. Die Westmächte lehnten ab, und das Ultimatum verstrich ergebnislos. Chruschtschow wiederholte es 1961 beim Treffen mit John F. Kennedy. Der amerikanische Präsident konterte in einer Rundfunk- und Fernsehansprache am 25. Juli 1961 mit drei Forderungen: das Recht der Westmächte auf Anwesenheit in ihren jeweiligen Sektoren, Zugangsrecht der Westmächte zu allen Sektoren und Wahrung der Sicherheit der Bürger Westberlins durch die westlichen Besatzungsmächte.

1972 trat das Viermächteabkommen über Berlin in Kraft, in dem diese Forderungen berücksichtigt wurden. Die Sowjetunion akzeptierte die Präsenz der Westmächte, bestand jedoch darauf, dass Westberlin kein Teil der Bundesrepublik sei. Auch nahm die Sowjetunion weiterhin einen Teil ihrer Besatzungsrechte in Westberlin wahr, etwa in Form von Patrouillenfahrten sowjetischer Militärangehöriger und bei der Bewachung des Kriegsverbrechergefängnisses in Spandau.

## Kennedy und Deutschland

Präsident Kennedy empfängt 1961 Walter Hallstein, damals Staatssekretär im Auswärtigen Amt in Bonn.

begeistert empfangen und waren davon derart ergriffen, dass der offene Wagen immer wieder halten musste, damit Johnson Hände schütteln konnten. Johnson rief den Berlinern zu: »Diese Insel steht nicht allein.« Am Grenzübergang Dreilinden empfing er schließlich die ersten amerikanischen Einheiten. Deren Fahrt durch die DDR war im Weißen Haus die ganze Zeit über beobachtet worden. Kennedy wollte in jedem Fall bei einem Zusammenstoß mit sowjetischen Truppen alle weiteren Entscheidungen persönlich treffen. Er hatte deswegen auf sein Wochenende in Hyannis Port verzichtet. Aber der Konvoi gelangte ohne Zwischenfälle nach Westberlin. Der Kennedy-Biograf Robert Dallek sagte über den Präsidenten: »In Berlin hatte er seinen ersten Sieg im Kalten Krieg errungen.«

Die Begeisterung der Westberliner für den amerikanischen Vizepräsidenten beruhigte Kennedy auch in einer anderen für ihn schwierigen politischen Frage. Offenbar waren die Beziehungen zwischen dem Frankreich Charles de Gaulles und dem Westdeutschland Konrad Adenauers, die deutsch-französische Achse, doch nicht so eng, wie er befürchtet hatte – auch wenn sich de Gaulle, Jahrgang 1890, und Adenauer, Jahrgang 1876, besser verstanden haben mochten als mit dem in ihren Augen viel zu jungen und unerfahrenen amerikanischen Präsidenten.

Die Berlin-Frage hatte schon in den Monaten zuvor immer wieder das amerikanisch-sowjetische Verhältnis belastet. Kennedy, gerade ins Amt ge-

> »Berlin und die Probleme um Berlin werden uns für viele Jahre begleiten ... Die deutsche Wiedervereinigung, die das langfristige Ziel darstellt, ist auf viele Jahre hin nicht auf der Tagesordnung.«
>
> **Kennedy in einem Interview, Dezember 1959**

# Kalter Krieg

**In Berlin wird die Mauer gebaut.**

Zwar sprach man schon früher vom kalten Krieg, wenn sich zwei Gegner feindlich gegenüberstehen, ohne dabei zur direkten Gewalt zu greifen. Es war aber dem amerikanischen Börsenspekulanten Bernard Mannes Baruch (1870–1965) vorbehalten, als Erster den Begriff Kalter Krieg als Eigennamen für die Ost-West-Auseinandersetzung nach dem Zweiten Weltkrieg zu benutzen. Kalter Krieg – das meinte die nicht-militärische Konfrontation zwischen den Supermächten Vereinigte Staaten und Sowjetunion sowie ihrer jeweiligen Verbündeten durch ideologische und propagandistische Unterwanderung, Wirtschaftssanktionen, Wettrüsten, den Ausbau der eigenen Bündnisse, den Wettbewerb in Kultur, Sport, Wissenschaft und Technologie wie etwa bei den sowjetischen und amerikanischen Raumfahrtprogrammen sowie natürlich die permanente Drohung, aus dem kalten einen wirklichen, also einen heißen Krieg werden zu lassen. Offiziell erklärt wurde diese Form des Krieges freilich nie.

Er begann im Grunde schon in den letzten Tagen des Zweiten Weltkrieges. Am 5. März 1946 drückte es der britische Premier Winston Churchill (1874–1964) so aus: »Von Stettin an der Ostsee bis Triest an der Adria ist ein eiserner Vorhang über den Kontinent heruntergegangen.« 1947 verkündete der amerikanische Präsident Harry S. Truman (1884–1972) das Eindämmen (»Containment«) und Zurückdrängen (»Roll Back«) des kommunistischen Machtbereichs als neue amerikanische Strategie. Das Kernstück dieser Politik bildete die sogenannte Truman-Doktrin, nach der Amerika allen Staaten hilft, die vom Kommunismus bedroht werden.

Höhepunkte des Kalten Krieges waren die Blockade von Westberlin durch die Sowjetunion vom 24. Juni 1948 bis zum 12. Mai 1949 und die Versorgung der Stadt über die von den Westalliierten errichtete Luftbrücke, der Korea- und später der Vietnamkrieg, der Mauerbau in Berlin 1961 sowie 1962 die Kubakrise, wobei in der Kubakrise die Gefahr einer militärischen, ja nuklearen Auseinandersetzung am größten war. Es besteht Einigkeit darüber, dass der Kalte Krieg längst zu Ende gegangen ist und der Westen ihn gewonnen hat. Wie lange die Auseinandersetzung gedauert hat, das wird unterschiedlich gesehen. Manche meinen, der Kalte Krieg habe faktisch mit der Entspannungspolitik seit 1972 geendet. Meist aber wird die Auffassung vertreten, der Kalte Krieg habe nach dem Ende der DDR, der Auflösung der Sowjetunion und des Warschauer Paktes Anfang der 1990er-Jahre geendet.

kommen, hatte im Juni 1961 Chruschtschow in Wien getroffen und war entsetzt über den Gesprächsverlauf gewesen, schien der sowjetische Führer doch nichts dabei zu empfinden, dass bei einem Atomschlag Millionen Menschen sterben würden. Eisig wurde die Atmosphäre, als Chruschtschow seine Berlin-Forderungen präsentierte und erklärte, er wolle in jedem Fall eine Lösung der Berlin-Frage noch in diesem Jahr. Das klang wie eine Drohung. Chruschtschow forderte eine entmilitarisierte »Freie Stadt« Berlin. Sollte das innerhalb von einem halben Jahr nicht möglich sein, werde er mit der DDR einen separaten Friedensvertrag schließen, und die Alliierten würden so ihre Rechte in Westberlin verlieren. Die Sowjetunion würde zu militärischen Mitteln greifen, wenn die Amerikaner dieses Szenario bedrohen sollten. Kennedy konnte daraufhin nur noch antworten, das würde dann einen »kalten Winter« bedeuten. Damit waren die Gespräche beendet.

Das Brandenburger Tor in Berlin nach dem Mauerbau, von der westlichen Seite aus gesehen.

Der Kalte Krieg, das sich belauernde Gegenüber der beiden Blöcke, hatte seine eigenen Gesetze. Welche außenpolitische Frage Kennedy auch immer berührte, ob Kuba oder Südostasien, stets spielte Westberlin dabei eine wichtige Rolle als eine Art Faustpfand, dessen sich Chruschtschow jederzeit hätte bedienen können, um den Amerikanern zu drohen. Chruschtschow meinte daher auch, als Sieger aus Wien abzureisen, und machte seine Forderungen wenige Tage später öffentlich. Kennedy antwortete am 25. Juli 1961 mit einer viel beachteten Fernsehansprache. Die Rede war ein diplomatisches Meisterstück. Der Präsident ließ keinen Zweifel an der amerikanischen Entschlossenheit, die Freiheit Westberlins mit allen Mitteln zu verteidigen: »Wir können und werden es nicht zulassen, dass die Kommunisten uns aus Berlin vertreiben«, erklärte er. Kennedy forderte vom Kongress bei dieser Gelegenheit eine deutliche Erhöhung der Militärausgaben und kündigte zudem die Erhöhung der Truppenstärke um mehr als 200 000 Mann an sowie eine Verdreifachung der Einberufungsquote. Zugleich sagte er aber auch, er wolle eine friedliche Lösung, und bot der Sowjetunion weitere Gespräche an. »Um alles zusammenzufassen: Wir suchen den Frieden – aber wir werden nicht weichen.«

Chruschtschow empfand dies als eine Art Kriegserklärung. Zugleich registrierte er indes auch Kennedys Zurückhaltung. Seine öffentlichen Äußerungen in den folgenden Wochen schwankten zwischen Drohungen und Verhandlungsbereitschaft. Kennedy hatte in seiner Fernsehansprache erstmals nur von Westberlin gesprochen. Das wiederum ließ in der DDR die Massenflucht in den Westen noch einmal anschwellen. Bis zu 20 000 Menschen gingen zu dieser Zeit jede Woche in den Westen. Noch am 15. Juni

## Der Berliner

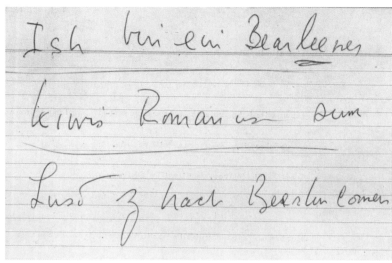

John F. Kennedy während seiner Rede am 26. Juni 1963 vor dem Rathaus in Berlin-Schöneberg.

Auch der berühmte Satz: »Ich bin ein Berliner.« stand im Redemanuskript.

hatte der SED-Führer Walter Ulbricht zwar davon gesprochen, dass niemand eine Mauer bauen wolle. Aber nur wenige Tage später fiel in Absprache mit der Sowjetunion die Entscheidung, die Grenze abzuriegeln. In der Nacht zum 13. August war es dann so weit.

In den folgenden Monaten kam es an der Grenze immer wieder zu Spannungen, auch zu gezielten Provokationen. Im Oktober standen sich nach einem Zwischenfall sogar zehn amerikanische und zehn sowjetische Panzer in der Friedrichstraße gegenüber. Die amerikanischen Panzer kamen mit Bulldozerschaufeln. Mauern damit einzureißen – das hatten sie zuvor schon geübt. Kennedy und Chruschtschow setzten Sondervermittler ein, um die angespannte Lage zu beruhigen. Beide Seiten wurden schließlich zum Abzug bewegt.

Erst Ende Juni 1963 kam John F. Kennedy selbst nach Berlin. Anlass war der 15. Jahrestag der Luftbrücke. Der Besuch wurde ein legendäres Ereignis, ein Triumphzug, den auch der Präsident nicht mehr vergessen konnte. Die Vorbereitungen für diesen Besuch waren gleich in mehrfacher Hinsicht schwierig. Zum einen war es der erste Besuch eines amtierenden westalliierten Staatsoberhauptes. Zum anderen herrschte das, was der Regierende Berliner Bürgermeister Willy Brandt einen »Jahrmarkt der Eitelkeiten« nannte. Sowohl Bundeskanzler Konrad Adenauer von der CDU als auch Brandt von der SPD wollten sich sozusagen im Schein der Sonne Kennedys wärmen. Angesichts solcher politischen Eifersüchteleien war dann jede kleine Protokollfrage heftig umstritten. Kennedy besuchte die Bundesrepublik vom 23. bis

## KENNEDY UND DEUTSCHLAND

26. Juni, Berlin war nach Bonn, Köln und Frankfurt die letzte Station seines Staatsbesuches. Gemeinsam mit Adenauer saß er dabei, als in Bonn der Deutsche Entwicklungsdienst gegründet wurde, dessen Vorbild das von Kennedy ins Leben gerufene Peace Corps war. In Berlin blieb der Präsident dann acht Stunden lag. Die Mauer stand mittlerweile seit fast zwei Jahren. Auf dem Rückflug sagte er, noch ganz benommen von der Begeisterung der Berliner, er wolle seinem Nachfolger einen Briefumschlag zustecken für den Fall, dass dieser in eine scheinbar aussichtslose Lage geriete. Sein Ratschlag: »Flieg nach Deutschland.«

Die Westberliner dachten an diesem Tag nicht mehr daran, dass Kennedy am Tag des Mauerbaus nicht einmal seinen Landsitz verlassen hatte. Sie begeisterten sich für den jungen und gut aussehenden Präsidenten, vor allem aber sahen sie in dem Besuch eine Garantie dafür, dass Westberlin nicht dem sowjetischen Einflussbereich ausgeliefert werden würde. Kennedy fuhr in einer offenen Limousine durch die Stadt. Am Straßenrand standen zuerst amerikanische Truppen, dann Hunderttausende Berliner. Zwei Drittel der Einwohner Berlins sollen an diesem Tag auf den Beinen gewesen sein, um ihn zu sehen. Den Präsidenten quälten an dem Tag wieder einmal starke Rückenschmerzen. So kam es, dass er im Wagenfond nicht in der ihm protokollarisch zustehenden Mitte saß, sondern außen, um sich mit einem Arm auf der Wagentür abstützen zu können. Auf der anderen Seite saß Konrad Adenauer, der kein Englisch sprach, und in der Mitte Willy Brandt. Die Fahrt ging zuerst zum Brandenburger Tor. Auf DDR-Seite war das Tor mit roten Stoffbahnen verhängt worden, sodass der Präsident nirgendwo in den Ostteil der Stadt sehen konnte, obwohl genau dafür ein Podest aufgebaut worden war. Kennedy war vielleicht nicht gerade ein Menschenfreund, aber er konnte sich in andere gut einfühlen. Als er die roten Bahnen sah, verstand er die Angst der Westberliner und traf auf der Fahrt, die ihn zunächst weiter zum Grenzübergang Checkpoint Charlie und dann in das Rathaus Schöneberg führte, eine Entscheidung, die seinen Ruhm in Deutschland geradezu ins Grenzenlose steigen lassen sollte.

Der Satz »Ich bin ein Berliner« stand zwar in Kennedys Redemanuskript, aber auf Englisch. Der Präsident entschied sich nun, ihn auf Deutsch zu sagen. Da er kein Deutsch konnte, wurde ihm der Satz im Schöneberger Rathaus lautmalerisch auf eine Karteikarte geschrieben: »Ish bin ein Bearleener.« Zwei weitere Sätze stehen auf dieser Karte, die zu einem der berühmtesten Erinnerungsstücke aus seinem Leben gehört: »Kiwis Romanus Sum« und »Lust z nach Bearleen comen«.

> »So wichtig die Verbindungen zum Osten gewesen sind, so schmerzlich ihr Abbruch auch ist, so läuft das Leben der Stadt, so wie ich es verstehe, doch in erster Linie zum Westen hin – ihr Wirtschaftsleben, ihre moralische Basis und ihre militärische Sicherheit.«
>
> KENNEDY NACH DEM MAUERBAU IN BERLIN IN EINEM BRIEF AN WILLY BRANDT, DEN REGIERENDEN BÜRGERMEISTER, 1961

## Der Berliner

Brief von Willy Brandt, damals Regierender Bürgermeister von Berlin, an Kennedy nach dessen Berlin-Besuch.

### DER REGIERENDE BÜRGERMEISTER VON BERLIN

Geschäftszeichen:

① BERLIN-SCHÖNEBERG, DEN 3 July 1963
RUDOLPH-WILDE-PLATZ
FERNRUF: 71 02 61, APP.
(95) _____ (nur im Innenbetrieb)

The President
of the United States of America
Mr. John F. Kennedy
Washington, D.C. / USA

Dear Mr. President,

I want to express to you once again my heartfelt gratitude for your visit to Berlin.

You will have seen yourself how much this occasion meant to my fellow-citizens and to myself and how intense are the feelings of gratitude and of confidence in you that found expression during that memorable day.

Your visit to Germany has strengthened the Western community, and it helped many people understand correctly your strategy of peace. I hope that through contributions of our own we will be able both to help you and to move forward, step by step, toward solving our own problems.

I should also like to thank you warmly for the handsome gifts that you brought for my sons and myself; they will always remind me of a great day in the history of my city and of your role in giving direction to the struggle for a better world.

With kindest regards,
Sincerely yours,

(Willy Brandt)

»Ich bin ein Berliner« – sein zumindest für Deutsche unvergessener Satz – kam in seiner berühmten Rede vor dem Schöneberger Rathaus vor 200 000 Menschen zweimal vor. Im Text hieß es gleich am Anfang: »Vor zweitausend Jahren war der stolzeste Satz ›Ich bin ein Bürger Roms‹. Heute, in der Welt der Freiheit, ist der stolzeste Satz ›Ich bin ein Berliner‹.« Und schließlich am Schluss: »Alle freien Menschen, wo immer sie leben mögen, sind Bürger Berlins, und deshalb bin ich als freier Mensch stolz darauf, sagen zu können ›Ich bin ein Berliner!‹« An Kennedys Auftritt erinnert bis heute eine Gedenktafel

> July 23, 1963
>
> Dear Mayor Brandt:
>
> On my return from Europe, my desk was crowded, and
> I am slow in finding an opportunity to write to thank you
> for my stay in Berlin. I have wanted to wait until I
> could get time to thank you as that day deserves.
>
> I tried in my various remarks in Berlin to make clear
> how deeply I was impressed by the welcome of the Berliners
> on June 26th, but to you I want to add a particular word
> of thanks not only for the extraordinarily good arrange-
> ments which were made under your direction, but also
> because of your own immediate understanding of the
> meaning of the day. In all our talks in the last two and
> one-half years, I have been impressed by the degree to
> which we see these great issues alike, and I had this
> conviction confirmed again in reading your kind and
> thoughtful statement of July 5 about our day together
> in Berlin.
>
> The day was memorable; your part in it was central;
> and I shall not forget your personal kindness to me
> throughout.
>
> Sincerely,
>
> s/John F. Kennedy
>
>
> The Honorable
> Willy Brandt
> Governing Mayor
> Berlin
>
> Orig and lcc to S/S 7/23/63 for transmittal.

Kennedy bedankt sich bei Brandt für den überwältigenden Empfang während seines Besuches in West-Berlin.

am Rathaus. Es wird vermutet, dass der Satz auf Jule Verne zurückgeht. In seinem Roman *20 000 Meilen unter dem Meer* sagt der Kapitän, um seine Soli-
darität zu bekunden: »Ich bin ein Inder.« Allerdings bezeichnet man als
Berliner auch ein Schmalzgebäck, in Berlin selbst als Pfannkuchen bekannt.
Wegen dieser Doppeldeutigkeit hat der Satz auch in Amerika eine gewisse
Popularität erlangt, allerdings in der scherzhaften Fassung: »I am a jelly
doughnut.« Dass die Berliner über Kennedys Satz bzw. über seine Aussprache
gelacht haben, wie mitunter behauptet wurde, stimmt dagegen nicht.

# Kings Traum
## Kennedys Innenpolitik

In seinem Präsidentschaftswahlkampf 1960 hatte John F. Kennedy sein Regierungsprogramm unter den Titel »New Frontier« gestellt. Ziel war ganz allgemein die Bekämpfung von Armut, Vorurteilen und Kriegen. »New Frontier« wurde später zum Schlagwort für Kennedys Innenpolitik. Er kam freilich nicht dazu, seine Ziele wirklich in die Tat umzusetzen.

Präsident Kennedy und sein Vize Lyndon B. Johnson treffen sich mit Freiwilligen aus dem Peace Corps.

Nur in zwei Punkten, beim Peace Corps und beim Weltraumprogramm, gelang es ihm tatsächlich, etwas Neues in die amerikanische Politik einzubringen.

Die Idee des Peace Corps tauchte öffentlich erstmals am 13. Oktober 1960 auf, und zwar auf ganz besondere Weise. Es war mitten im Präsidentschaftswahlkampf. Kennedy kam eigentlich nur in die Universitätsstadt Ann Arbor, Michigan, um dort zu übernachten. Obwohl es bereits spätnachts war, wurde er von etwa 10 000 Menschen begrüßt, vorwiegend jungen Leuten. Sie fragte er in einer kurzen Rede: »Techniker oder Ingenieure – wer von Ihnen ist bereit, im Auslandsdienst zu arbeiten und um die Welt zu reisen?« Der Präsidentschaftskandidat setzte hinzu, an dieser Frage entscheide sich, »ob eine freie Gesellschaft wettbewerbsfähig ist«. Das war typisch für Kennedy: ein Appell, aber kein Versprechen.

Die Idee einer Entwicklungshilfeorganisation kam bei den jungen Amerikanern an, auch wenn sie im Grunde nicht neu war und Kennedy ihr zunächst auch gar nicht so viel hatte abgewinnen können. Aber kurz vor der Wahl kritisierte er, dass die Sowjetunion Ärzte, Lehrer und Ingenieure in andere Länder sende und auf diesem Weg auch ihre politische Botschaft verbreite, Amerika aber nicht. Kennedys Äußerung war also auch hier vom Geist des Kalten Krieges bestimmt. Von Anfang an ging es beim Peace Corps eben nicht nur um Hilfe Amerikas für Länder der Dritten Welt, sondern auch um den Kampf gegen den Kommunismus. Die jungen Leute sollten als »Botschafter des guten Willens« den Ruf der Vereinigten Staaten in aller Welt verbessern helfen. Das rief freilich auch die CIA auf den Plan, welche die jungen Leute nicht nur als Botschafter Amerikas sah, sondern auch als Informanten. Insofern war das Peace Corps von vornherein ein ambivalentes Unternehmen, an dem auch viel Kritik geübt wurde. Kennedy wurde jedenfalls schon im Wahlkampf nach seinem Auftritt in Ann Arbor mit Anfragen überhäuft. Er nahm das Vorhaben als Präsident dann auch sogleich in Angriff. Am 1. März 1961 erließ er zunächst eine Anordnung. Noch bevor im November 1961 ein

Kennedy trifft Teilnehmer des Peace Corps im August 1961 im Weißen Haus.

entsprechendes Gesetz folgte, wurden im August die ersten Freiwilligen von ihm im Rosengarten des Weißen Hauses empfangen. Die ersten 50 gingen nach Ghana. Beinahe 200 000 junge Amerikaner haben seitdem im Peace Corps in mehr als 40 Ländern der Erde gearbeitet – keineswegs so viele, wie der Ruf des Friedenscorps vermuten lassen könnte.

Die Leitung der Entwicklungshilfeorganisation übertrug Kennedy seinem Schwager Sargent Shriver, dem Ehemann seiner Schwester Eunice. Shriver übte das Amt bis 1966 aus. Seitdem sind mehrere Direktoren des Peace Corps selbst ehemalige Freiwillige gewesen. Die Freiwilligen verpflichten sich, mindestens zweieinhalb Jahre im Ausland tätig zu sein. Sie erhalten während dieser Zeit eine dem Einsatzort angepasste Entlohnung sowie am Ende eine Wiedereingliederungshilfe.

## Kings Traum

John F. Kennedy und seine Frau Jacqueline verfolgen zusammen mit Arthur Schlesinger und anderen engen Mitarbeitern am Fernsehgerät den Weltraumflug von Alan Shepard am 5. Mai 1961.

Schon Shriver klagte: »Es gibt mehr Großeltern im Peace Corps als Teenager.« Dennoch wurden die ersten Teilnehmer des Corps überall »Kennedys Kinder« genannt. Knapp die Hälfte der Freiwilligen waren Frauen, Schwarze machten in den ersten Jahren des Peace Corps gerade einmal fünf Prozent aus. Wer mitmachte, lernte jedenfalls etwas für das Leben, auch wenn der Nutzen der jeweiligen Tätigkeit nicht immer so sinnvoll und nützlich war, wie Kennedy sich das vorgestellt haben mochte. Dem Idealismus der jungen Leute sei ein symbolisches Betätigungsfeld geboten worden, meint nüchtern der deutsche Kennedy-Biograf Andreas Etges. Nicht zuletzt steigerte das Peace Corps Kennedys Popularität in der Welt. Die Idee fand Nachahmer auch in Deutschland, wo Kennedy 1963 dabei war, als der Deutsche Entwicklungsdienst gegründet wurde.

John F. Kennedy war gerade drei Monate im Weißen Haus, als die Sowjetunion erstmals einen Menschen ins Weltall schickte: Juri Gagarin. Abermals mussten die Amerikaner annehmen, die Sowjetunion sei ihnen technologisch weit überlegen. Im Herbst 1957 hatten die Amerikaner schon den sogenannten Sputnik-Schock erlebt, als die Sowjetunion den ersten

## Kennedys Innenpolitik

Satelliten ins All schickte. Die Nachricht kam für die USA völlig überraschend und traf das amerikanische Selbstbewusstsein ins Mark. Erst am 5. Mai 1961 flog der erste Amerikaner ins All. 15 Minuten lang war Alan Shepard in »Freedom 7« im Orbit unterwegs. Ein bekanntes Foto zeigt Kennedy im Weißen Haus, wie er mit skeptischem Blick zusammen mit Jackie und Vizepräsident Johnson am Fernsehgerät den Start des ersten bemannten Weltraumfluges der USA verfolgt. Am 25. Mai folgte Kennedys Ankündigung, innerhalb eines Jahrzehnts werde der erste Mensch, ein Amerikaner natürlich, den Mond betreten: »Kein einziges Projekt … ist aufregender, beeindruckender für die Menschheit oder wichtiger für die langfristige Erkundung des Weltraums; und keines wird so teuer zu erreichen sein.« 30 bis 40 Milliarden Dollar wurden dafür eingeplant. 1964 wurden schon umgerechnet fünf Milliarden Euro für die Weltraumbehörde NASA ausgegeben, die National Aeronautics and Space Administration. Kennedys Vorgänger Eisenhower war erschrocken über die Ankündigung und meinte, Kennedy sei verrückt, wenn er allein des nationalen Prestiges wegen 40 Milliarden Dollar für das Rennen zum Mond ausgeben wolle. Das erste Zwischenziel wurde im Februar 1962 erreicht, als John Glenn mit »Friendship 7« als erster Amerikaner in einem Raumschiff die Erde umkreiste. Der Flug war alles andere als glatt über die Bühne gegangen: Zehn Mal war er wegen schlechten Wetters verschoben worden und wäre beinahe in einer Katastrophe geendet, weil es bei der Landung Probleme mit dem Hitzeschild gab.

Kennedy besucht gemeinsam mit John Glenn im Februar 1962 das amerikanische Raumfahrtzentrum in Cap Canaveral. Glenn war der erste Amerikaner, der die Erde umkreiste. Und er stieg noch einmal in den Weltraum auf: 1998 mit der Raumfähre »Discovery«.

Aus Kennedys Mond-Ankündigung entstand jedenfalls das berühmte »Apollo«-Programm. Nicht zehn Jahre später, sondern schon nach sechs betrat am 21. Juli 1969 der Astronaut Neil Armstrong tatsächlich als erster Mensch den Mond mit den inzwischen geflügelten Worten: »Das ist ein kleiner Schritt für einen Menschen, aber ein riesiger Schritt für die Menschheit.« Lyndon B. Johnson konnte dann als Kennedys Nachfolger im Präsidentenamt Armstrong begrüßen, als dieser glücklich zurück auf die Erde gelangt war. Johnson hatte Kennedy beim Weltraumprogramm von Anfang an unterstützt – und seinen Einfluss als früherer Mehrheitsführer im Kongress dafür eingesetzt.

Weniger erfolgreich war eine andere Grenzüberschreitung Kennedys, die »Alliance for Progress«. Mithilfe dieser Allianz für Fortschritt sollte das Verhältnis zu Lateinamerika verbessert werden. Kennedy dachte an eine Art Marshallplan, den es für Westeuropa gegeben hatte, um so »die Grundbedürfnisse der Völker Amerikas nach Wohnungen, Arbeit, Land, Gesundheit und Schulen« zu befriedigen. Lateinamerika sollte in den Augen des jungen

# Das amerikanische Weltraumprogramm

Kennedy und John Glenn schauen in die Raumkapsel von »Friendship 7«.

Als Geburtsstunde der Raumfahrt gilt der 3. Oktober 1942, als von Peenemünde auf der pommerschen Insel Usedom erstmals eine A4-Rakete, auch als V2 bekannt, in die Nähe des Weltraums aufstieg. Am Ende des Zweiten Weltkriegs sicherten sich sowohl die Sowjetunion als auch die USA deutsche Spezialisten. So kam Wernher von Braun (1912–1977) 1946 nach Amerika und war fortan an den Weltraumvorhaben dort maßgeblich beteiligt, bis hin zum »Apollo«-Programm. Als die Sowjetunion als erstes Land 1957 einen Sputnik-Satelliten ins All schickte und danach weitere Erfolge in der bemannten Raumfahrt feierte, wurde der amerikanischen Öffentlichkeit schlagartig bewusst, welchen Nachholbedarf ihr Land inzwischen auf diesem Gebiet hatte. Von diesem Zeitpunkt an wurde die Raumfahrt auch in den USA nach Kräften gefördert, und es kam zu einem regelrechten Wettlauf mit der Sowjetunion, da das Weltraumprogramm als eine Waffe im Kalten Krieg galt. Die Amerikaner richteten in der Zeit der Präsidentschaft von John F. Kennedy, der zunächst nicht viel von den Weltraumplänen gehalten hatte, ihre Anstrengung auf die erste bemannte Mondlandung. Zunächst aber flog als erster Amerikaner Alan Shepard (1923–1998) im Mai 1961 ins All. John Glenn (*1921) gelang im Februar 1962 die erste Erdumrundung. Glenn startete viel später noch einmal in den Weltraum: mit 77 Jahren im Oktober 1998 an Bord der Raumfähre »Discovery«.

Am 20. Juli 1969 betrat Neil Armstrong (*1930) als erster Mensch den Mond. Eine halbe Milliarde Fernsehzuschauer auf der ganzen Welt sahen zu. Es war das vermutlich größte Medienereignis in der Zeit des Kalten Krieges. Das erste Kopplungsmanöver im All gelang den Amerikanern 1975. 1981 startete die erste wiederverwendbare Raumfähre und löste die »Apollo«-Raumschiffe ab. Nachdem die Raumfähre »Challenger« 1986 und vor allem die »Columbia« 2003 verunglückten, wurde das Programm jedoch aufgegeben. Nach dem Ende des Kalten Krieges flogen auch Amerikaner zur russischen Raumstation »Mir«. Die gemeinsamen Bemühungen mündeten schließlich in die Internationale Weltraumstation (ISS). Der Weltraum beflügelt bis heute die Fantasie der Amerikaner. Der 2009 ins Amt gekommene Präsident Barack Obama (*1961) kündigte an, dass bis spätestens 2035 eine bemannte Mission zum Mars geschickt werden soll. Im Kalten Krieg war das Raumfahrtprogramm einerseits eine gewaltige ideologische Schlacht, andererseits ging es stets auch darum, durch Satelliten die militärische Überlegenheit zu sichern.

Präsidenten zu einem »riesigen Schmelztiegel revolutionärer Ideen und Anstrengungen« werden. Kuba freilich sollte ausgeschlossen bleiben. Die Wirtschaftshilfe für Lateinamerika betrug in den 1960er-Jahren insgesamt umgerechnet mehr als zehn Milliarden Euro, für damalige Verhältnisse eine unvorstellbar hohe Summe. Ein Fünftel davon kam direkt aus den Vereinigten Staaten. Am 17. August 1962 wurde das entsprechende Abkommen zwischen den USA und 19 lateinamerikanischen Staaten offiziell unterzeichnet, nachdem Jack und Jackie im November 1961 in Venezuela begeistert begrüßt worden waren.

Nach zwei Jahren Allianz musste Kennedy allerdings ernüchtert feststellen, dass sich in den Nachbarländern nur insofern etwas geändert hatte, als dass sich in Argentinien, Peru, Guatemala, Ecuador, der Dominikanischen Republik und Honduras das Militär an die Macht geputscht hatte. »Die Probleme sind fast unüberwindlich«, meinte Kennedy. Er hatte sich in seiner Einschätzung geirrt: »Die Führer Lateinamerikas, die Industriellen und Landbesitzer, sind bereit, dessen bin ich mir sicher, vergangene Fehler einzugestehen und neue Verantwortung zu übernehmen.« Bis heute gilt das Scheitern der Allianz als Beispiel für die Selbstüberschätzung der Vereinigten Staaten, die sich zu wenig in die Eigenheiten anderer Länder einfühlen können – ein Fehler, der die amerikanische Politik immer wieder in Sackgassen treibt. Kennedy hatte Lateinamerika eine Revolution versprochen, bekämpfte aber zugleich Kuba, das im damaligen Verständnis durchaus als revolutionäres Land galt. So wurde klar, dass es den USA auch hierbei vor allem darum ging, den kommunistischen Einfluss auf dem amerikanischen Kontinent einzudämmen. Zudem machten die Vereinigten Staaten oftmals mit den Militärregimes gemeinsame Sache. Sein Chefberater Theodore Sorensen begründete das so: Kennedy »erkannte jedoch, dass das Militär oft mehr von der Verwaltung verstand und mehr Sympathie für die Vereinigten Staaten hatte als irgendeine andere Gruppe im Land«. Nüchtern fügte er hinzu: »Hätte man die Arbeit an der Allianz in jedem Land gestoppt, in dem keine echte Demokratie herrschte, wäre das ganze Programm gescheitert.« Immerhin zeigten die Umfragen damals, dass die Lateinamerikaner nicht so sehr den USA die Schuld daran gaben, dass ihnen die Allianz für Fortschritt nur wie leere Worte vorkommen musste, sondern mehrheitlich den eigenen Regierungen. Die Allianz mag so gesehen ein teuer erkaufter Imagegewinn für die Vereinigten Staaten gewesen sein. Mehr aber auch nicht.

Was in den USA tatsächlich ein Überschreiten von Grenzen bedeutet hätte, das ging Kennedy eher vorsichtig und skeptisch an, nämlich die

»Wir können nicht zu zehn Prozent der Bevölkerung sagen, dass sie dieses Recht nicht wahrnehmen dürfen, dass ihre Kinder nicht die Möglichkeit haben sollen, sich ihren Fähigkeiten gemäß zu entwickeln, und dass die einzige Möglichkeit für sie, an ihr Recht zu kommen, darin liegt, dass sie demonstrieren. Ich glaube, dass wir uns und dass wir ihnen ein besseres Land als das schulden.«

KENNEDY IN EINER FERNSEHANSPRACHE AM 11. JUNI 1963 ÜBER DAS WAHLRECHT FÜR AFROAMERIKANER

Martin Luther King
im Jahr 1966.

Bürgerrechte und darin vor allem eingeschlossen die Aufhebung der Rassenschranken. Im Wahlkampf 1960 hatte er sich zwar zu Martin Luther King bekannt, dem prominentesten schwarzen Bürgerrechtler in Amerika. Aber das war auch ein eher durchsichtiges taktisches Manöver: Es sollte Kennedy wichtige Wählerstimmen in der schwarzen Bevölkerung bringen. Zweifellos erschien ihm, einem Nachfahren irischer Einwanderer, die Rassentrennung in Amerika als ein reaktionärer Zustand, der mit dem modernen Land nichts zu tun hatte. Rasenvorurteile dürften ihm persönlich ohnehin völlig fremd gewesen sein. Im Wahlkampf hatte er versprochen, endlich die Rassentrennung im sozialen Wohnungsbau aufzuheben. Er hatte aber ebenso bekannt: »Ich habe noch wenig Gelegenheit gehabt, die Neger kennenzulernen.« Damals wurde übrigens der heute als abwertend geltende Begriff »Neger« sowohl von den Schwarzen selbst als auch von Rassisten verwendet.

## KENNEDYS INNENPOLITIK 115

Kennedy wusste, dass für eine sofortige Beseitigung aller Rassenschranken die Mehrheiten in beiden Häusern des Kongresses fehlten. Vor allem in den Südstaaten saßen jene, die an der Rassentrennung festhalten wollten – beinahe um jeden Preis. Die Rassentrennung beschäftigte damals die amerikanische Gesellschaft mindestens genauso stark wie der Kampf gegen den Kommunismus, wie Vietnam und Kuba.

Es fällt heute schwer, sich die Atmosphäre von damals vorzustellen. Seit dem 19. Jahrhundert waren die Schwarzen in den USA zwar formal gleichberechtigt, wurden aber im täglichen Leben auf vielfältige Weise diskriminiert. Es gab getrennte Wohngebiete, Schulen, Plätze in Restaurants und öffentlichen Verkehrsmitteln sowie getrennte Toiletten. 1896 hatte das Oberste Gericht entschieden, die Rassentrennung in den Schulen verstoße nicht gegen das Gleichheitsgebot der Verfassung, wenn die Angebote in den »schwarzen« Schulen gleichwertig denen der »weißen« seien. Das waren sie zwar nicht, aber hinter dem Urteil konnten sich die Anhänger der Rassentrennung gut verstecken. Selbst in der Armee waren die Schwarzen Soldaten zweiter Klasse. 1955 noch konnte es in den Vereinigten Staaten passieren, dass ein zwölf Jahre alter schwarzer Junge aus Chicago gelyncht wurde, nur weil er aus frechem Übermut einer weißen Frau hinterhergepfiffen hatte, und dass seine Mörder anschließend freigesprochen wurden. Im selben Jahr weigerte sich Rosa Parks, eine schwarze Frau aus Montgomery, Alabama, ihren Sitzplatz im Bus für einen weißen Fahrgast zu räumen. Sie wurde festgenommen, worauf die Schwarzen fast ein Jahr lang die Busse der Stadt boykottierten. Solche Aktionen waren fortan an der Tagesordnung. Mit »Sit-ins« wurden Restaurants und öffentliche Einrichtungen blockiert.

Als Kennedy Präsident wurde, gab es zwar auch unter seinen Ministern keinen Schwarzen. Aber er bemühte sich, den Anteil der Schwarzen in den Behörden deutlich zu erhöhen, ebenso in der Armee. Regierungsaufträge sollten nur noch an Firmen vergeben werden, bei denen die Rassenschranken aufgehoben waren. Schließlich sah es Kennedy als seine Aufgabe an, das bestehende Wahlrecht auch für die Schwarzen besser durchzusetzen. So klagte das von Robert Kennedy geführte Justizministerium gegen Wählerdiskriminierung in den Südstaaten. Eine solch ungewöhnliche Möglichkeit, die Klage des Bundes gegen die Staaten, hatte das Bürgerrechtsgesetz von 1957 geschaffen. Von 1962 bis 1964 wurden zudem fast 700 000 Wähler neu registriert, vorrangig Schwarze. 1962 beschloss der Kongress einen Verfassungszusatz, der das Wahlrecht nicht mehr an das Zahlen von Steuern knüpfte. In Kraft trat dies jedoch erst zwei Jahre später.

> »Gewaltlose direkte Aktionen ... sollen eine Krise schaffen, eine solche produktive Spannung herstellen, dass eine Gemeinschaft, die sich beharrlich geweigert hat zu verhandeln, gezwungen wird, sich mit der Frage auseinanderzusetzen. Sie sollen die Fragestellung derart dramatisieren, dass sie nicht mehr ignoriert werden kann.«
>
> MARTIN LUTHER KING IN EINEM »LETTER FROM BIRMINGHAM«, 1962

## Kings Traum

James Meredith, damals 29 Jahre alt, war der erste Afroamerikaner, der sich an der Universität von Mississippi einschrieb – einen Tag nach der Amtseinführung von Präsident John F. Kennedy.

Für grundlegende Reformen jedoch fehlte dem Präsidenten die parlamentarische Mehrheit. »Der größte Ärger wäre eine Niederlage im Kongress«, sagte er. Zudem zeigten ihm die Umfragen, dass sein Einsatz für Bürgerrechte ihn Zustimmung und womöglich den Wahlsieg 1964 kosten könnten. Tatsächlich sahen Ende 1963 die Umfragen für Kennedy nicht gut aus. Sein Einsatz für die Bürgerrechte wurde nicht honoriert. Vor allem die Südstaaten standen geschlossen gegen den Präsidenten. Ihre Vertreter im Kongress – allen voran übrigens ein Demokrat – blockierten in dieser Zeit alle Gesetzesinitiativen des Präsidenten. Dass der Civil Rights Act, jenes Gesetz, das Rassendiskriminierung in öffentlichen Einrichtungen verbot, 1964 trotz des vorangegangenen Widerstandes schließlich in Kraft treten konnte, hat – Ironie des Schicksals – mit Kennedys Tod zu tun. Der Mord versetzte der amerikanischen Gesellschaft quasi einen gewaltsamen Stoß, der sie zu Vernunft und Einsicht brachte.

Einen Tag nach Kennedys Antrittsrede als Präsident wollte sich der Afroamerikaner James Meredith an der Universität von Mississippi in

Oxford einschreiben, die bis dahin allein Weißen vorbehalten war. Erwartungsgemäß wurde Meredith abgelehnt. Ebenfalls erwartungsgemäß zog er deswegen vor Gericht. Der Fall kam schließlich vor das Bundesgericht. Auch das Justizministerium in Washington schaltete sich einmal mehr ein. Schon vor Meredith hatten Schwarze die Immatrikulation beantragt. Einer wurde in die Psychiatrie gesteckt, ein anderer kam aus fadenscheinigem Grund ins Gefängnis. Schließlich versperrte der Gouverneur von Mississippi, Ross Barnett, Meredith persönlich den Zugang zum Universitätsgelände – vor laufenden Fernsehkameras.

Bundespolizisten vor dem Gouverneursitz von Jackson, Mississippi, einen Tag nach heftigen Rassenunruhen, die von Merediths Immatrikulation an der Universität ausgelöst worden waren. Es hatte zwei Tote gegeben.

Wie vor ihm schon Eisenhower, sah sich Kennedy veranlasst, Truppen der Bundespolizei nach Oxford zu schicken. Zugleich aber musste Meredith davon abgehalten werden, ausgerechnet in seinem neuen goldfarbenen Ford Thunderbird an der Universität vorzufahren. Es kam zu schweren Auseinandersetzungen mit zwei Toten und mehreren Verletzten. Die Bilder von den Unruhen gingen um die Welt und beschädigten in Kennedys Augen das Bild von Amerika nachhaltig. »In Oxford sterben Menschen. Das ist die

## Kings Traum

Kennedy im amerikanischen Kongress am 19. Juni 1963, nachdem er eine Vorlage für ein Gleichberechtigungsgesetz eingebracht hatte.

Schlimmste, das ich in meinen 45 Jahren gesehen habe. Ich möchte, dass die Militärpolizei in das Gebiet hineingeht«, wies Kennedy an. Am Schluss waren insgesamt 16 000 Polizisten im Einsatz. 500 von ihnen mussten das Universitätsgelände absichern, als Meredith seine erste Vorlesung besuchte. Es ging bei alldem freilich auch viel um Symbolik. Schon 1963 machte Meredith sein Abschlussexamen.

Anfang Mai 1961 unternahmen gemischtrassige Gruppen Busfahrten von Washington aus in den Süden, um gegen die zwar offiziell aufgehobene, dennoch weiter praktizierte Rassentrennung in den Greyhound-Überlandbussen zu protestieren. »Freedom Rides« nannte sich die Aktion. Die Kennedy-Brüder sahen darin eine Provokation, die zu neuen Ausschreitungen führen musste, und wollten die Aktivisten von ihrer Idee abbringen. Aber die Atmosphäre war schon zu aufgeheizt. In Alabama kam es dann auch zu mehreren schweren Zwischenfällen. So griffen Mitglieder des Ku-Klux-Klan die Busse an. Ein Bus wurde umgeworfen und angezündet. Die Polizei griff gar nicht oder zu spät ein, übrigens auch die Bundespolizei, was das

## Kennedys Innenpolitik

Der Marsch auf Washington am 28. August 1963 ging in die Geschichte des Landes ein. In der Mitte ist Martin Luther King zu sehen, untergehakt mit anderen Bürgerrechtlern an der Spitze des Marsches.

Vertrauen der Schwarzen in Kennedys Regierung untergrub. Kennedy telefonierte sogar mit der Greyhound-Busgesellschaft: »Ich werde – die Regierung wird – sehr verärgert sein, wenn diese Gruppe ihre Reise nicht fortsetzen kann ... Jemand steigt besser in diesen verdammten Bus und sorgt dafür, dass diese Leute an ihr Ziel kommen.«

Am 2. Mai 1963 gingen in Birmingham, Alabama, das seit einer Reihe von versuchten Anschlägen auf Schwarze nur noch »Bombingham« genannt wurde, 1000 schwarze Schulkinder auf die Straße. Hunderte wurden verhaftet. Am nächsten Tag kamen noch mehr Kinder. Die Polizei ging mit Schlagstöcken vor und hetzte Schäferhunde auf die Demonstranten. Zwar gab es schließlich ein Übereinkommen, zumal der Wirtschaftsboykott der Schwarzen sich in der Stadt bemerkbar zu machen begann. Aber die Gewalt riss dennoch nicht ab. Nachdem es auch Anschläge auf Martin Luther Kings Haus gegeben hatte, schickte Kennedy auch hier Polizeieinheiten.

Martin Luther King war für Kennedy immerhin ein wichtiger Gesprächspartner. Der charismatische Führer der Schwarzen setzte sich für

## Kings Traum

Bürgerrechtler treffen sich am 22. Juni 1963 mit amerikanischen Regierungsvertretern im Weißen Haus. Martin Luther King steht neben Robert Kennedy.

> »Es hat keinen Sinn, einen großen Lärm zu machen und keinen Erfolg zu haben. Es hat keinen Sinn, das Amt des Präsidenten in die Waagschale zu werfen und dann geschlagen zu werden.«
>
> KENNEDY ÜBER SEINE REFORMPLÄNE, 1963

den gewaltfreien Widerstand ein. Er setzte dabei zwar auch auf Konfrontation, aber andere Führer der Schwarzen sahen den Ausweg aus ihrer Lage nur in Gewalt, so der zum Islam übergetretene Malcolm X.

Immerhin sah sich Kennedy 1962 politisch derart gestärkt, nachdem die Kongresswahlen für die Demokratische Partei erfolgreich gewesen waren und er in der Kubakrise Durchsetzungskraft bewiesen hatte, dass er endlich sein Wahlversprechen wahr machte, gegen die Rassentrennung in Gebieten mit sozialem Wohnungsbau vorzugehen. Im Februar 1963 kritisierte der Präsident die Rassendiskriminierung vor dem Kongress scharf und forderte, endlich alle Wahlbeschränkungen aufzuheben. Die Rassentrennung sei aus sozialen, wirtschaftlichen und außenpolitischen Gründen falsch, sagte der Präsident und setzte hinzu: »Aber vor allem ist sie falsch.«

Sein Appell nützte nichts. Als es in Alabama abermals zu schweren Auseinandersetzungen kam und erneut Schwarzen der Zugang zur Universität verwehrt wurde, ging Kennedy in die Offensive. Am 11. Juni 1963, dem Tag, als der eben gewählte Gouverneur von Alabama, George Wallace, die Rassentrennung für ewig und unabänderlich erklärte, wandte sich der Präsident

# Kennedys Innenpolitik

Die Führer eines sogenannten Freiheitsmarsches in Mississippi mit Martin Luther King (links) und neben ihm James Meredith am 27. Juni 1966.

mit einer Fernsehansprache an das amerikanische Volk. Er saß an seinem Schreibtisch im Weißen Haus, sah übermüdet aus und fand in diesem Zustand endlich klare Worte zur Rassentrennung. Es handle sich um ein nationales Problem, sagte er. »Diese Nation wird nicht ganz frei sein, so lange nicht alle ihre Bürger frei sind.« Er kündigte einen entsprechenden Gesetzesentwurf an. Eine Woche später ging das Bürgerrechtsgesetz von 1963 dem Kongress zu. Es hob die Rassentrennung in öffentlichen Einrichtungen und Schulen auf, ebenso alle Wahlrechtsbeschränkungen. Es war übrigens ausgerechnet der aus dem Süden kommende Vizepräsident Johnson, der Kennedy mahnte, er würde in dieser Frage viel zu wenig moralisch argumentieren. Es gehe hier doch um fundamental amerikanische Werte.

Kennedys klare Worte im Fernsehen hatten – er gab es selbst zu – auch damit zu tun, dass eine andere politische Herausforderung drohte. Die Bürgerrechtler mit King an der Spitze wollten mit einem Marsch auf Washington für das Bürgerrechtsgesetz kämpfen. Kennedy war gegen den Marsch, so wie er stets gegen alle symbolischen Provokationen der Schwarzen gewesen war, auch wenn er ihr Anliegen grundsätzlich unterstützte. »Wir wollen

> »Präsident Kennedy neigte nicht zu sentimentalen Gefühlsausbrüchen. Er hatte aber ein tiefes Verständnis für die Dynamik und die Notwendigkeit gesellschaftlicher Veränderungen.«
>
> MARTIN LUTHER KING, 1965

im Kongress einen Erfolg erzielen, keine Riesenshow auf dem Kapitol abziehen«, sagt er. Im Juni traf er sich mit 29 Bürgerrechtlern mit dem Ziel, das Ausmaß des Marsches zu begrenzen. Um die notwendigen Stimmen im Kongress zu bekommen, »brauchen wir erstens ein klares Wort gegen Demonstrationen, die zu Gewalt führen, und zweitens sollten wir dem Kongress eine faire Chance zur Entscheidungsfindung geben«. King antwortete in jenem Gespräch über den bevorstehenden Marsch: »Er mag durchaus zum falschen Zeitpunkt kommen. Offen gesagt habe ich noch kein einziges Mal bei einer Aktion mitgemacht, die nicht zum falschen Zeitpunkt zu kommen schien.« Kennedy handelte immerhin aus, dass der Marsch nur einen Tag lang dauern und nicht zum Kapitol führen würde, sondern zum Lincoln Memorial. Malcolm X meinte später dazu: »Sie schrieben den Negern vor, wann sie in die Stadt kommen sollten, wo sie haltmachen, welche Schilder sie tragen, welche Lieder sie singen sollten, welche Reden sie halten und welche sie nicht halten konnten; und sie befahlen ihnen, bei Sonnenuntergang aus der Stadt verschwunden zu sein.« Umgekehrt bekam das Weiße Haus Protestbriefe wie diesen: »Dieser Marsch am 28. August wird ein weiteres gutes Beispiel für den kommunistischen Einfluss in unserem Land sein.« Kennedy wusste also, was politisch auf dem Spiel stand. Es ging auch um seine Zukunft. Er beauftragte seinen Bruder Robert, alles für den Marsch vorzubereiten, der längst schon als nationales Ereignis galt. Fünf Wochen lang machte Bobby nichts anderes. Es ging dabei um viele Details. So sollte auf jeden Fall verhindert werden, dass Polizeihunde auftauchten wie seinerzeit in Birmingham.

Am 28. August 1963 kam in Washington eine Viertelmillion Menschen zusammen, darunter 50 000 Weiße. Kennedy blieb im Weißen Haus, um von dort aus den Marsch zu verfolgen. Der Marsch wurde zu einem bewegenden Ereignis der jüngeren amerikanischen Geschichte. Unter den Teilnehmern waren bekannte Künstler wie Joan Baez, Bob Dylan, Harry Belafonte und Josephine Baker. Martin Luther King hielt die Rede seines Lebens, die bis heute zitiert wird mit dem berühmten Satz: »Ich habe einen Traum.«

King hatte zunächst fünf Minuten lang eine vorbereitete Rede vorgelesen, merkte aber, dass er sein vom Marsch ermüdetes Publikum so nicht packen konnte, und sprach deshalb schließlich frei: »Ich habe einen Traum, dass eines Tages die Söhne ehemaliger Sklaven und die Söhne ehemaliger Sklavenhalter auf den roten Hügeln Georgias gemeinsam am Tisch der Brüderlichkeit sitzen werden.« Er träume von dem Tag, rief er, »an dem alle Kinder Gottes, Schwarze und Weiße, Juden und Christen, Protestanten und

Martin Luther King bei seiner großen Rede »Ich habe einen Traum«.

Katholiken, sich an den Händen halten und einstimmen können in die Worte des alten Spirituals ›Endlich frei! Endlich frei! Danke Gott, Allmächtiger, endlich frei!‹« Nachdem der Marsch friedlich verlaufen war, empfing der Präsident dann doch King und andere Bürgerrechtler und zeigte sich mit ihnen in seinem Amtssitz.

Der alltägliche Rassismus ging trotz der beeindruckenden Demonstration weiter. Im September starben vier schwarze Mädchen in Birmingham bei einem Bombenanschlag. Zwei weitere Kinder wurden erschossen. Und schließlich starb auch King: Am 4. April 1968 wurde er auf der Terrasse eines Motels in Memphis im Staat Tennessee von einem Fanatiker erschossen. Die Fahnen im ganzen Land wehten auf halbmast. Malcolm X war drei Jahre zuvor erschossen worden.

# Dallas, 22. November 1963
## DAS ATTENTAT UND DIE FOLGEN

John F. Kennedy mochte es, wenn er Washington verlassen und durch das Land in den Wahlkampf ziehen konnte. Am 21. November 1963 brach er nach Texas und Florida auf. Auf die Stimmen aus den Südstaaten wäre es für seine Wiederwahl angekommen. Er hatte dort wegen seiner Haltung zu den Bürgerrechten für die Farbigen viele Feinde unter den konservativen Weißen.

> »Präsident Kennedy starb wie ein Soldat, unter Feuer, in Pflichterfüllung und im Dienst für sein Land.«
>
> DER FRANZÖSISCHE STAATSPRÄSIDENT CHARLES DE GAULLE

Die hatten es auch nicht an Deutlichkeit darüber fehlen lassen, was sie von dem Präsidenten und seiner Regierung hielten. Adlai Stevenson, Kennedys UN-Botschafter, hatten sie sogar einmal bei einem Besuch in Dallas während seiner Rede zum Tag der Vereinten Nation bespuckt und körperlich bedroht. Am Tag vor Kennedys Besuch in Dallas waren Flugblätter gegen den Präsidenten aufgetaucht, die wie Steckbriefe aussahen. Am Tag selbst erschien in der *Dallas Morning News* eine schwarz umrandete »Willkommens«-Anzeige, in der Kennedy und seinem Bruder Robert unterstellt wurde, sie stünden den Kommunisten nahe. Jack lachte darüber und sagte beim Frühstück zu seiner Frau: »Wir kommen heute in eine wirklich verrückte Gegend. Aber ich sage dir, Jackie, wenn mich jemand vom Fenster aus mit einem Gewehr erschießen will, dann wird das niemand verhindern können, wozu sich also Sorgen machen.« Dann brach der Tross von Fort Worth nach Dallas auf. Es regnete etwas, aber die Sonne würde, das hatte der Wetterbericht versprochen, bald herauskommen. So ordnete Kennedy an, das Dach seiner Limousine zu öffnen. Kurz vor zwölf Uhr setzte sich die Kolonne vom Flughafen in Dallas aus in Bewegung.

Die Route durch das Stadtzentrum war zuvor in der Presse ausführlich beschrieben worden. Neben Kennedy im offenen Lincoln saß Jackie, davor Gouverneur John Connally und dessen Frau. 200 000 Menschen säumten die Straßen. Mit ehrlicher Begeisterung begrüßten sie ihren Präsidenten. Nellie Connally drehte sich erleichtert zu Kennedy um und sagte: »Mr. President, Sie können wirklich nicht sagen, Dallas liebe sie nicht.« Die Wagenkolonne erreichte kurz darauf die Innenstadt und musste an der Dealey Plaza in eine enge Linkskurve einbiegen. Die Fahrzeuge fuhren nur noch 18 Stundenkilometer, als sie am »Texas School Books Depository«, einer mehrstöckigen Lagerhalle, vorbeikamen. Hier fielen plötzlich die Schüsse. Es waren drei. Der erste verfehlte sein Ziel. Der zweite durchschlug den Hals des Präsidenten und traf auch den vor ihm sitzenden Gouverneur. Der dritte riss Kennedy die Schädeldecke auf. Jackie kletterte im Schock auf das Heck

John F. Kennedy und seine Frau auf der Fahrt vom Flughafen in das Stadtzentrum von Dallas, Texas, am 22. November 1963.

des Autos, als wolle sie die Reste zusammensuchen. Endlich warf sich einer der Sicherheitsleute auf sie, um sie mit seinem Körper zu schützen. Endlich auch beschleunigte die Wagenkolonne und raste zum Parkland Memorial Hospital. Zum dritten Mal in seinem Leben gab ein katholischer Priester Kennedy die Letzte Ölung. Diesmal aber mussten die Ärzte den Tod des Präsidenten feststellen.

Sofort wurden die amerikanischen Truppen in aller Welt in Alarmbereitschaft versetzt. Noch auf dem von den Sicherheitsbehörden sofort angesetzten Rückflug nach Washington in der Präsidentenmaschine »Air Force One« wurde Lyndon B. Johnson als 36. Präsident Amerikas vereidigt. Er schwor auf eine abgenutzte Bibel Kennedys. Jackie stand dicht daneben. Sie hatte sich geweigert, ihr von Kennedys Blut bespritztes Chanel-Kostüm zu wechseln. Die Bilder gingen um die Welt. Es war 14.38 Uhr.

Zu diesem Zeitpunkt war der Mörder Lee Harvey Oswald bereits verhaftet. Oswald war sogar an einem der Fenster des Lagerhauses gesehen worden, bevor die Wagenkolonne kam. Man hielt ihn aber für einen Sicherheitsbeamten. Ein Polizist, der nach den Schüssen sofort in das Lagerhaus stürmte, traf auch auf Oswald, lief aber an ihm vorbei, um das Gebäude zu durchsuchen. Im fünften Stock wurden das notdürftig versteckte Gewehr mit Zielfernrohr und drei Patronenhülsen entdeckt. Als sich daraufhin alle Mitarbeiter des Schulbuchversands melden mussten, fehlte Oswald. Er wurde sofort zur Fahndung ausgeschrieben. Als ein Polizist zufällig den

## Dallas, 22. November 1963

Als die Schüsse fallen, versucht Jacqueline, ihren Mann zu schützen.

Mann entdeckte, auf den die eben ausgegebene Beschreibung zutraf, stieg er aus dem Auto und lief auf ihn zu. Daraufhin zückte Oswald eine Pistole und erschoss ihn. Anschließend floh Oswald in ein nahe gelegenes Kino, das sofort umstellt wurde. Dort versuchte er unter dem Schrei »Jetzt ist alles vorbei!«, noch einmal zu schießen. Aber es gelang ihm nicht mehr. Er wurde festgenommen.

Hätte das Attentat verhindert werden können? Zumindest hatte Oswald zuvor sogar unter Beobachtung des FBI gestanden. Oswald wurde 1939 in New Orleans geboren. Nach einer schwierigen Kindheit ohne Vater ging er zu den Marines, der Marineinfanterie der amerikanischen Streitkräfte, und wurde dort als Scharfschütze ausgebildet, ohne dass er sich dabei allerdings besonders hervorgetan hätte. Er war wohl überdurchschnittlich intelligent, aber dem Leben nicht gewachsen. Er hatte sich mit dem Marxismus beschäftigt und träumte davon, zu Fidel Castros Revolutionären zu stoßen. Daraus wurde zwar nichts, aber 1959 ging er in die Sowjetunion. Drei Jahre später kehrte er zusammen mit seiner russischen Frau, die er dort geheiratet hatte, nach Amerika zurück. Er schlug sich fortan auf verschiedenen Arbeitsstellen durch und gründete ein seltsames Kuba-Komitee, dem offenbar nur er angehörte, über dessen Tätigkeit er jedoch regelmäßig Berichte schrieb, die offenbar alle frei erfunden waren. Schließlich verließ ihn auch seine schöne Frau. In Mexiko versuchte er, in der kubanischen Botschaft ein Visum für Kuba zu bekommen, was ihm aber nicht gelang. Er hatte

## Das Attentat und die Folgen

Nur wenige Stunden nach dem Tod Kennedys wird Lyndon B. Johnson in der Präsidentenmaschine als Nachfolger vereidigt. Rechts neben ihm Jacqueline Kennedy.

sich selbst einen Decknamen gegeben, unter dem er auch per Postversand das Gewehr italienischer Produktion bestellte, mit dem er den amerikanischen Präsidenten tötete.

Zuständig für die Ermittlungen war die Polizei von Dallas. Der Mord an einem Präsidenten war damals noch keine Angelegenheit des Bundes. Die lokale Polizei war allerdings von der Situation überfordert, nicht zuletzt durch den gewaltigen Medienandrang, der nach dem Attentat einsetzte. Polizei und Staatsanwaltschaft versuchten, die Öffentlichkeit über all ihre Ermittlungen sogleich zu informieren, um allen Verschwörungstheorien vorzubeugen. So wussten die Journalisten auch, dass Oswald zwei Tage nach dem Attentat in ein anderes Gefängnis überführt werden sollte. In der Gefängnisgarage drängte sich zwischen den Fernsehleuten auf einmal ein Mann nach vorn und schoss mit einer Pistole vor laufenden Fernsehkameras Oswald in den Bauch. Oswald wurde sofort in das Parkland Memorial Hospital gebracht und starb dort wie zwei Tage zuvor auch sein Opfer Kennedy. Oswalds Mörder war Jack Ruby, der jüdische Betreiber zweier Strip-Lokale in Dallas, dem enge Verbindungen zur Mafia nachgesagt wurden. Er habe Kennedys Frau und den Kindern die Rückkehr nach Dallas wegen des Gerichtsverfahrens ersparen wollen, gab er als Begründung für seine Tat an. Er setzte hinzu: »Ich tat es für die Juden Amerikas.« Ruby wurde wegen des Mordes an Oswald zum Tode verurteilt. Er starb 1967, allerdings eines natürlichen Todes. Auch sein Sterbeort wurde das Parkland Memorial Hospital.

»Wenn jemand wirklich den Präsidenten der Vereinigten Staaten erschießen wollte, wäre es keine schwierige Arbeit – man müsste nur eines Tages mit einem Gewehr mit Zielfernrohr auf ein hohes Gebäude hinauf, niemand könnte etwas gegen einen solchen Anschlag unternehmen.«

Kennedy kurz vor dem Aufbruch zu seiner letzten Reise nach Dallas, November 1963

## Dallas, 22. November 1963

Der Kennedy-Attentäter Lee Harvey Oswald.

Vor laufenden Kameras erschießt Jack Ruby am 24. November 1963 Oswald, der gerade in ein anderes Gefängnis überführt werden sollte.

Die Familie Kennedy hätte es gern gesehen, wenn John dort beerdigt worden wäre, wo er geboren wurde, also in Brookline, Massachusetts. Aber Jackie setzte durch, dass der Präsident auf dem Washingtoner Heldenfriedhof von Arlington beigesetzt wurde. Das Staatsbegräbnis war am 25. November 1963. Jackie hatte auch veranlasst, dass es der Grablegung von Abraham Lincoln gleichen sollte, dem 16. Präsidenten der Vereinigten Staaten, der 1865 ebenfalls ermordet worden war. Zu diesem Gleichnis gehörten die Pferde, die den Sarg auf der Lafette zogen, der Trommler, der den Sarg begleitete, und die Ewige Flamme auf dem Grab. An der Trauerfeier sollen bis zu eine Million Menschen teilgenommen haben.

Sieben Tage nach dem Attentat setzte Präsident Johnson eine Kommission ein, die den Mord an John F. Kennedy untersuchen sollte. Johnson tat dies nicht nur für das fassungslose Amerika. Er tat es für sich, denn schon brodelte die Gerüchteküche, er könnte in das Attentat verwickelt gewesen sein, weil er Präsident hatte werden wollen. Zudem wollte Johnson weltpo-

Der Trauerzug für Kennedy auf dem Weg zum Friedhof von Arlington am 25. November 1963.

litische Konflikte verhindern, die durch Verdächtigungen aller Art, sei es etwa gegen die Sowjetunion oder Kuba, hätten ausbrechen können. Diese »könnten uns, falls diese Vorstellung Oberhand gewinnt, in einen Atomkrieg treiben«, sagte er zu dem Bundesrichter Earl Warren, den er mit diesem Argument überzeugen wollte, den Vorsitz der Kommission zu übernehmen. Warren tat ihm den Gefallen. Der nach dem Vorsitzenden benannte Abschlussbericht lag im September 1964 vor und ist 850 Seiten lang. Hinzu kommen zwei Dutzend Bände mit Zeugenaussagen und Dokumenten. Das Ergebnis: Oswald handelte als Einzeltäter. Es gab keine Verschwörung wie seinerzeit etwa bei Lincoln. Die Mehrheit der Amerikaner glaubt bis heute jedoch an eine solche Verschwörung, ohne dass es je Beweise dafür gegeben hat. Selbst Johnson glaubte an eine Verschwörung, hinter der er Kuba vermutete: »Präsident Kennedy wollte Castro erwischen, aber Castro hat ihn zuerst erwischt.« Im Warren-Bericht spielt ausgerechnet die pro-kubanische Einstellung Oswalds keine Rolle. Allerdings war damals auch noch streng

## Dallas, 22. November 1963

Kennedys Sohn John salutiert vor dem Sarg seines Vaters.

»Papa, was ist mit unserem Land passiert?«

ARTHUR SCHLESINGERS TOCHTER AM ABEND DES 22. NOVEMBER 1963

geheim, was Amerika alles versuchte, um Castros Regime zu schwächen und Castro selbst zu ermorden. Vor allem Robert Kennedy, der über die Aktionen der Exilkubaner und der CIA informiert war, teilte Johnsons Meinung. Deshalb hat er sich wohl selbst Vorwürfe gemacht, indirekt am Tod des Bruders mitschuldig gewesen zu sein. Das könnte erklären, weshalb sein Schmerz über den Tod Jacks so groß, ja beinahe maßlos war.

Der Warren-Bericht blieb freilich nicht das letzte Wort über Kennedys Tod. 1975 setzte der amerikanische Präsident Gerald Ford, der selbst der Warren-Kommission angehört hatte, eine weitere Kommission ein, die unter anderem untersuchte, ob die CIA in den Mord an Kennedy verwickelt gewesen sein könnte. Außerdem beschäftigte sich ein Senatsausschuss mit dieser Frage. Der kam zwar zu dem Schluss, Vertuschungsversuche der CIA gefunden zu haben, blieb aber auch dabei, dass »dies die Annahme einer Verschwörung gegen Präsident Kennedy nicht rechtfertigen würde«. 1979 wurde auch noch ein Untersuchungsausschuss des Repräsentantenhauses

## Das Attentat und die Folgen

Jacqueline und ihre Tochter Caroline beten am Sarg von John F. Kennedy.

eingesetzt, der beim Abhören der Aufnahmen, die zufällig während des Attentats durch die Polizei in Dallas gemacht worden waren, vier Schüsse zu hören meinte. Aber das wurde schließlich mit akustischen Störungen erklärt. Die Akten über Kennedys Tod bleiben noch bis 2017 unter Verschluss.

Die Stadt Dallas jedoch, der Tatort des Attentats, hat Jahrzehnte gebraucht, um das düstere Image abzustreifen, die Hoffnung Amerikas zerstört zu haben. Noch immer werden am Todestag dort Blumen niedergelegt, wo die Schüsse fielen. Ein paar Schritte davon entfernt gibt es das »Conspiracy Museum«, ein Verschwörungsmuseum, wo der Besucher auf schlichten, handgemalten Schautafeln erfährt, dass über alle berühmten Attentate in Amerika, also auch die auf Abraham Lincoln, Robert Kennedy und Martin Luther King, die Öffentlichkeit systematisch belogen worden sei und es jedes Mal eine Verschwörung gegeben habe. Dass der Mord an Kennedy die sinnlose Tat eines Verwirrten war, daran wird sich Amerika wohl nie gewöhnen können.

# JFK
## UNSTERBLICHKEIT NACH DEM TOD

**Kennedy war nur 1036 Tage im Amt. Er ist dennoch bekannt wie kein anderer Präsident Amerikas. Sein Tod galt für die Amerikaner als die schlimmste Katastrophe seit Pearl Harbor. Der frühe Tod hat Kennedys Jugendlichkeit, sein Lächeln, seinen Charme gleichsam für alle Ewigkeit eingefroren. Die Welt trauerte um ihn wie vermutlich noch nie zuvor um einen Politiker.**

>»Die Ideen John F. Kennedys bewegen die Menschen und vor allem die jüngere Generation. Sie sind ein vernünftiger Ausdruck der Hoffnung auf eine Welt, die vor den Problemen nicht kapituliert, sondern sie bewältigen will. Gerade die jungen Menschen haben erfasst, was dieser vorwärtsgewandte Mann wollte.«
>
>WILLY BRANDT

In Berlin war die Trauer besonders groß, denn hier erinnerte sich noch jeder an den Besuch des Präsidenten. Würden auch Kennedys Nachfolger die Sicherheit von Westberlin garantieren? Kennedys Berlin-Auftritt blieb der Maßstab auch für die nachfolgenden Präsidenten. So als Präsident Ronald Reagan 1988 am Brandenburger Tor ausrief: »Mr. Gorbatschow, tear down this wall!« (Mr. Gorbatschow, reißen Sie diese Mauer nieder!) Oder als Barack Obama, Präsident seit 2009, im Wahlkampf 2008 den – ihm dann verwehrten – Versuch machte, vor dem Brandenburger Tor aufzutreten.

John F. Kennedy faszinierte jeden, der mit ihm in Kontakt kam, am Ende sogar seinen Gegenspieler Nikita Chruschtschow. Er blieb auch nach seinem Tod eine faszinierende Persönlichkeit. Sein Nachfolger Lyndon B. Johnson, der Gegner von einst, konnte gar nicht anders, als sich auf Kennedy zu berufen und die von ihm angestoßenen Reformen fortzuführen. Johnson war vermutlich sogar etwas beherzter dabei, als Kennedy es gewesen wäre. »Mit sicherem politischem Gespür benutzte Johnson schon wenige Tage nach Kennedys Ermordung den toten Präsidenten als eine Art Märtyrer für ein groß angelegtes Reformprogramm«, schrieb Andreas Etges. Das betraf das Bürgerrechtsgesetz, das 1964 verabschiedet wurde. Das Programm der »Great Society«, eine umfassende Sozialreform, ging ebenfalls ursprünglich auf Kennedy zurück. Johnson dürfte manchmal selbst gestaunt haben, wie sehr er, der viel Ältere, zum politischen Erben Kennedys wurde.

Kennedy, der seit dem Desaster in der Schweinebucht bei allem Militärischen vorsichtig geworden war, hätte Amerika wohl nicht derart in das vietnamesische Abenteuer verstrickt, wie Johnson es dann tat. Johnson wurde 1964 mit großem Vorsprung gegenüber dem republikanischen Bewerber Barry Goldwater wiedergewählt. Er hätte auch 1968 noch einmal antreten dürfen, verzichtete aber, weil er wusste, dass er die Wahl nicht gewinnen konnte, nicht zuletzt wegen des Vietnamkrieges, der in Amerika keine Unterstützung mehr fand. 37. Präsident der Vereinigten Staaten wurde der Republikaner Richard Nixon, Kennedys Gegenspieler im Wahlkampf von

*Der junge Senator John F. Kennedy mit Jacqueline im Mai 1955 vor dem Kapitol in Washington.*

**Im Hauptquartier der US-Armee in Dahlem erhielten die Berliner Gelegenheit, sich nach dem Tod Kennedys in die Kondolenzlisten einzutragen.**

1960. Nixon musste fünf Jahre später wegen der sogenannten Watergate-Affäre zurücktreten. Sein Nachfolger wurde Gerald Ford, ebenfalls ein Republikaner.

Kennedy gilt noch immer als eine Lichtgestalt, gar als der erste Popstar der Politik. Seine Reden, in denen sein Vertrauter Sorensen stets so viel großes Gefühl unterzubringen verstand, gehören noch immer zu den am meisten zitierten. Kennedy hat das Symbolische in der Politik beherrscht wie wohl kein anderer. Seine leichtfüßige und schlagfertige Art im Umgang mit den Medien gilt nach wie vor als brillant. Seine Popularität bleibt unerreicht. Jack und Jackie gelten noch immer als das schöne und kluge Paar, stets lächelnd, immer gut gekleidet, charmant und großartig. Alles, was seit seinem Tod über die dunklen Seiten Kennedys bekannt wurde, hat daran nichts ändern können.

## Unsterblichkeit nach dem Tod

Blumen und Kränze auf der westlichen Seite der Mauer in Berlin zur Erinnerung an Kennedy.

Innenpolitisch hat er in seiner kurzen Amtszeit nur wenig bewirkt. Seine Wahlerfolge verdankte er zu einem großen Teil dem Geld seines Vaters und wohl sogar den Kontakten zur Mafia, wie seinerzeit bei der Wahl in Chicago. Neue Grenzen zu überschreiten, wie von ihm selbst behauptet, das ist ihm kaum gelungen. Er war schwer krank und sein Lebenswandel alles andere als vorbildhaft. Er hätte Fidel Castro umbringen lassen, wenn sich nur eine Gelegenheit dazu ergeben hätte. Im Fall des Falles war er in der Wahl der Mittel nicht zimperlich, um politische Interessen durchzusetzen, und unterschied sich damit nicht von seinen Amtsvorgängern und -nachfolgern im Weißen Haus.

Es lässt sich also manches gegen John F. Kennedy sagen, aber es wird das Bild, das die Welt von ihm hat, nicht mehr verändern. Oder wie der für

## JFK

seine Scharfzüngigkeit bekannte Schriftsteller Gore Vidal schon 1967 schrieb: »Obwohl seine Administration kein Erfolg war, ist er selbst zu einem Musterbeispiel politischer Erstklassigkeit geworden.« In der Tat gibt es wohl kaum einen größeren Widerspruch als zwischen dem, was Kennedy wirklich war, und dem, was die hoffnungsvolle Welt am Anfang der wilden 1960er-Jahre in ihm sah. Sogar in der DDR stellten Menschen nach Kennedys Ermordung Kerzen in die Fenster – und sahen sich deswegen der Verfolgung durch die Staatssicherheit ausgesetzt. Sorensen fand auch nach dem Tod des jungen Präsidenten den Satz, der die Stimmung damals am besten traf: »Die Ermordung Präsident Kennedys stellte einen unschätzbaren Verlust an Zukunft dar.« Etges formulierte es so: »Für viele bedeutete Kennedys plötzlicher Tod das Ende eines großartigen Traums – auf den zahlreiche Albträume folgten: der Vietnamkrieg, Studentenproteste, schwere Rassenunruhen, die Ermordung von Martin Luther King und Bobby Kennedy, die Watergate-Affäre sowie die Aufdeckung illegaler Aktivitäten des Geheimdienstes CIA.« Der Historiker Dallek geriet sogar selbst ins Pathetische: Kennedy habe »eindrücklich bewiesen, dass die Vereinigten Staaten noch immer die letzte, die beste Hoffnung für die Menschheit darstellen«.

Neben dem Einfluss der Kennedy-Familie, welche die Deutungshoheit über John F. behalten wollte, spielte auch die Kunst eine Rolle dabei, Kennedy zu einem Mythos zu machen. Andy Warhol porträtierte Jackie Kennedy und schuf eine Siebdruckserie über den 22. November 1963. Regisseur Oliver Stone gab mit seinem Film *JFK – Tatort Dallas* 1991 noch einmal allen Verschwörungstheorien neuen Auftrieb. Schon 1962 war ein Film über Kennedys Abenteuer im PT 109 in die amerikanischen Kinos gekommen. Im selben Jahr wurde Kennedy erstmals zum Comic-Helden in *Superman Action*. 2010 wurde bekannt, dass Joel Surnow, ein Spezialist für Serien im amerikanischen Fernsehen wie *24*, eine solche über die Kennedys vorbereitet. Wer immer sich mit John F. Kennedy beschäftige, so Etges, bemühe sich zweifellos »um eine Annäherung an die historische Wahrheit, doch der Mythos ist meist mächtiger«.

Etges hat die Berliner Ausstellung im Kennedy-Museum am Pariser Platz vor dem Brandenburger Tor und schräg gegenüber von der amerikanischen Botschaft konzipiert. Sie nennt sich die zweitgrößte weltweit – nach der John F. Kennedy Bibliothek im Hafen von Boston, einer Außenstelle des Nationalarchivs, die in einer merkwürdigen Mischung Familienmuseum der Kennedys, staatliche Nachlassverwaltung und öffentliches Museum zugleich ist – bis heute streng kontrolliert von der Familie.

Der junge John F. Kennedy und seine Schwester Caroline am 25. Januar 1995 auf dem Weg zum Trauergottesdienst für ihre Großmutter Rose, die im Alter von 104 Jahren gestorben war.

Kennedys Grabstätte auf dem Friedhof von Arlington am 22. November 2003, genau 40 Jahre nach seiner Ermordung.

»Wir haben die Macht, diese Generation zur besten in der Menschheitsgeschichte zu machen – oder zur letzten.«

Kennedy vor der UN-Vollversammlung, September 1963

# ZEITTAFEL

**1917** John F. Kennedy wird am 29. Mai in Brookline, Massachusetts, als zweiter Sohn von Rose (1890–1995) und Joseph Kennedy (1888–1969) geboren.

**1929** Jacqueline Lee Bouvier, genannt Jackie, wird am 28. Juli in Southampton, New York, geboren.

**1938** Joseph Kennedy wird Botschafter in Großbritannien.

**1940** John F. Kennedy studiert zuerst in Princeton, dann in Harvard und schließt ab mit einer Arbeit über die britische Appeasement-Politik, die unter dem Titel *Why England Slept* als Buch veröffentlicht wird.

**1943** John F. Kennedy ist Kommandant des Patrouillen-Torpedobootes 109, das im Südpazifik im Einsatz ist. Das Boot wird von einem japanischen Zerstörer gerammt und sinkt. Kennedy rettet einige seiner Kameraden und wird dafür ausgezeichnet. Er gilt seitdem als Kriegsheld. Wegen Rückenbeschwerden scheidet er aus dem Militär aus.

**1944** Bruder Joe, geboren 1915, stirbt am 12. August im Kriegseinsatz über dem Ärmelkanal.

**1945** John F. Kennedy berichtet als Reporter von der Gründung der Vereinten Nationen und der Potsdamer Konferenz.

**1946** Kennedy wird in das Repräsentantenhaus gewählt. Er verteidigt seinen Sitz in den Jahren 1948 und 1950.

**1947** Bei Kennedy wird die Addisonsche Krankheit festgestellt.

**1948** Kennedys Schwester Kathleen, geboren 1920, stirbt am 13. Mai bei einem Flugzeugunglück.

**1952** Kennedy wird als Senator des Staates Massachusetts gewählt und 1958 wiedergewählt.

**1953** Jacqueline und John F. Kennedy heiraten am 12. September.

**1957** Kennedy bekommt den Pulitzer-Preis für sein Buch *Zivilcourage*. Am 27. November wird seine Tochter Caroline geboren.

**1960** Kennedy wird Präsidentschaftskandidat der Demokraten und gewinnt die Wahl knapp gegen Richard Nixon (1913–1994) von den Republikanern.
Sein Sohn John wird am 25. November geboren (gestorben 1999).

**1961** Am 20. Januar wird John F. Kennedy als 35. US-Präsident vereidigt. Vizepräsident ist Lyndon B. Johnson (1908–1973).

Am 1. März wird das von Kennedy angeregte Peace Corps gegründet, am 13. März schlägt er die »Alliance für Progress« vor.
Im April scheitert die versuchte Invasion Kubas in der Schweinebucht, ein politisches Lehrstück für den neuen Präsidenten.
Am 25. Mai verkündet Kennedy, dass innerhalb der nächsten zehn Jahre ein Mensch den Mond betreten soll, nachdem am 12. April Juri Gagarin (1934–1968) als erster Mensch die Erde umkreist hat.
Am 3. und 4. Juni findet ein Treffen Kennedys mit Nikita Chruschtschow (1894–1971) in Wien statt, das ergebnislos endet.
Kennedy spricht am 25. Juli im Fernsehen über die Berlin-Krise. Am 13. August beginnt in Berlin der Mauerbau.

**1962** Präsident Kennedy setzt sich am 30. September dafür ein, dass sich James Meredith (geb.1933) als erster schwarzer Student an der Universität von Mississippi einschreiben kann.
Vom 16. bis 28. Oktober währen die 13 Tage der Kubakrise, welche die Welt an den Rand eines atomaren Krieges bringt und aus der Kennedy siegreich hervorgeht.

**1963** Kennedy hält am 10. Juni seine »Friedensrede« an der American University in Washington, in der er der Sowjetunion Abrüstungsmaßnahmen vorschlägt, und einen Tag später eine Fernsehansprache, in der er nach Rassenunruhen im Süden des Landes ein Bürgerrechtsgesetz ankündigt.
Vom 23. bis 26. Juni reist John F. Kennedy in die Bundesrepublik. Am letzten Tag der Reise besucht er Westberlin und hält seine »Ich bin ein Berliner«-Rede vor dem Rathaus Schöneberg.
Am 7. August wird Sohn Patrick geboren, der zwei Tage später stirbt.
Am 28. August nehmen 250 000 Menschen am von Bürgerrechtlern organisierten Marsch auf Washington teil. Der schwarze Bürgerrechtler Martin Luther King (1929–1968) hält seine »Ich habe einen Traum«-Rede.
Am 2. November unterzeichnet Kennedy das Atomteststoppabkommen mit der Sowjetunion.
John F. Kennedy wird bei einem Attentat am 22. November in Dallas erschossen und am 25. November auf dem Heldenfriedhof in Arlington bei Washington beigesetzt.

# Impressum

**Textquellen**

Etges, Andreas: *John F. Kennedy*, München 2003

Dallek, Robert: *John F. Kennedy – Ein unvollendetes Leben*, Frankfurt amMain 2007

Posener, Alan: *John F. Kennedy*, Reinbek bei Hamburg 2007

Schild, Georg: *John F. Kennedy. Mensch und Mythos*, Zürich 2006

**Bildnachweis**

© Deutsches Bundesarchiv: S. 102, 103

© John F. Kennedy Presidential Library, Boston: S. 10, 11, 14, 20, 22, 25 (2), 27, 36, 41 (o.), 45, 54, 58, 69, 82, 106, 107

© Library of Congress, Washington: S. 3, 18, 74

© National Archives and Records Administration USA: S.123

© Picture alliance/dpa, Frankfurt: S. 9, 11, 12, 13, 17, 19, 21, 23, 29, 30, 31, 34, 37, 38, 39, 40, 41 (u.), 44, 46, 47, 48, 50, 51, 53, 57, 59, 60, 63, 64, 66, 67, 68, 71, 72, 73, 75, 76, 77, 78, 85, 86, 87, 88, 91, 93, 94, 95, 96, 97, 99, 101, 104, 111, 112, 114, 116, 117, 118, 119, 121, 125, 126, 128 (2), 129, 130, 131, 133, 134, 135, 136, 137

© Abbie Rowe, John F. Kennedy Presidential Library, Boston: S. 41 (o.), 108, 109, 120

© Cecil Stoughton, John F. Kennedy Presidential Library, Boston: S. 42, 110, 127

**Produktmanagement:** Dr. Birgit Kneip
**Textlektorat:** Dr. Claudia Hellmann, München
**Grafische Gestaltung/Satz:** Thomas Übelacker, München
**Umschlaggestaltung:** Studio Schübel Werbeagentur GmbH, München
**Litho:** Repro Ludwig, Zell am See
**Herstellung:** Bettina Schippel

**Bibliografische Information der Deutschen Nationalbibliothek**

Die Deutsche Nationalbibliothek verzeichnet diese Publikation in der Deutschen Nationalbibliografie; detaillierte bibliografische Daten sind im Internet über http://dnb.d-nb.de abrufbar

© 2011 Bucher Verlag, München
Alle Rechte vorbehalten
Druck und Bindung: Korotan Ljubljana d.o.o., Slowenien
ISBN 978-3-7658-1828-8